遇见：河北古建筑

ACQUAINTANCE
Ancient Architecture of Hebei Province

河北省文物与古建筑保护研究院◎编

主　编◎刘忠伟　董素山

副主编◎董　旭　姚　庆

河北出版传媒集团
河北教育出版社

图书在版编目（CIP）数据

遇见 ： 河北古建筑 / 河北省文物与古建筑保护研究院编. -- 石家庄 ： 河北教育出版社， 2024. 12.
ISBN 978-7-5545-8970-0

Ⅰ. K928.71

中国国家版本馆CIP数据核字第2024FT4676号

YUJIAN HEBEI GU JIANZHU

遇见：河北古建筑

河北省文物与古建筑保护研究院 / 编

出版人　董素山
策　划　单建勋
责任编辑　徐占博　谷　华
装帧设计　傳新BOOKS DESIGN
责任校对　尚凌馨

出版发行　河北出版传媒集团
河北教育出版社
地址：石家庄市联盟路705号
网址：http://www.hbep.com
印　制　石家庄名伦印刷有限公司
开　本　787mm × 1092mm　1/16
字　数　360千字
印　张　25
版　次　2024年12月第1版
印　次　2024年12月第1次
书　号　ISBN 978-7-5545-8970-0
定　价　198.00元

序

习近平总书记对历史文化有着深厚情感，强调指出："保护好传统街区，保护好古建筑，保护好文物，就是保存了城市的历史和文脉。"古建筑是历代劳动人民智慧的结晶，是宝贵历史的遗产，蕴含着极其丰富的时空内容和包罗万象的文化意蕴。河北作为中华文明的重要发祥地之一，文物遗存丰厚。全省963处省级以上文物保护单位中，古建筑类就有345处，品类齐全，等级高，影响大。基于这样的历史现实和文化责任，河北省文物与古建筑保护研究院和河北教育出版社倾力合作，编辑出版了《遇见：河北古建筑》。本书以发现古建之美为主旨，将作为中华优秀传统文化重要载体的精美古建筑呈现给社会，呈现给读者，力图讲好古建故事，讲好河北故事，讲好文物故事。通过深入挖掘和阐发中华优秀传统文化的精神内涵，用马克思主义激活中华传统文化中的优秀因子并赋予其新的时代内涵。

《遇见：河北古建筑》不单是对河北省古建筑的一次细致梳理，更是对河北历史文化的一次深入解读。书中不仅以大量鲜活的摄影图像展现出河北古代建筑美轮美奂的风采和艺绝古今的创造力，还用大量精美细腻的线图，展示出河北古代建筑结构之美和审美意趣。该书通过对图像的解读，将历代设计师们远超时代的匠心和巧思淋漓尽致地呈现于世，打造出一片唯美而富有历史信度的精神园地，为古代建筑研究者提供了珍贵的第一手资料，为河北古代建筑史的研究作出了颇具价值的探索，也为古代建筑爱好者创造了欣赏、认知和想象的艺术视境。

阅读此书，既是一次文化的探索、艺术的赏读，更是一次心灵与历史遗产的深情对话。让我们共同走进《遇见：河北古建筑》，感受厚重的历史力量，领略绵延不绝的文化魅力。

2024年9月

前　言

中国的古代建筑是历代劳动人民勤劳筑梦的结晶，是悠久历史的遗存，是璀璨文化的见证。它借由自身的建筑形式、类型和风格魅力，释放出极其丰满的想象空间和经得起检验的实在性，不仅体现出中华文明的包容与博大，还揭示了中华文明在历史变迁中、在面对自然或面对特定的历史境遇时所体现的不竭创造力和深邃的精神内涵。中国的古代建筑是辉煌灿烂的文化遗产，它积累起时代的精神财富和广泛的认知力量，彰显出宏阔的民族精神和来自思想深处的伟大自信，它是人类最伟大的历史积淀，是民族文化传承、发展的重要载体，是连接过去、现在和未来的桥梁，承载着民族的记忆与智慧。

中国古代建筑史研究的奠基人、杰出的建筑学家梁思成先生说："祖国的建筑是祖国过去的劳动人民在长期劳动中智慧的结晶，是我们一份极可骄傲的、辉煌的艺术遗产。"[1]"中国的建筑体系是在世界各民族数千年文化史中的一个独特的建筑体系。它是中华民族数千年来世代经验的累积所创造的……三千五百年来，中国世世代代的劳动人民发展了这个体系的特长，不断地在技术上和艺术上把它提高，达到了高度水平，取得了辉煌的成就。"[2]

在漫长的建筑实践中，中国历代匠师们以无穷的智慧和卓越的才艺创造了丰富多彩的建筑杰作。从满足日常之需到艺术美感的追求，从遮风避雨到奉侍神明再到宣示帝王之威严，从原始时代的简朴房屋到封建时代的华美宫殿，中国古代"很早就创造了先进的科学的梁架结构法"，把建筑"发展到高度的艺术和技术水平"。[3]建筑形式也从单一的房舍，发展到宏伟的建筑组群，创造了缤纷灿烂的建筑实体和与之相适应的构件，如梁、柱、檩、枋等，形成了中国古代建筑的独有"词汇"和处理构件与构件之间相互关系的"文法"。这些"词汇"和"文法"，创造了属于自己民族的、独立于世界建筑之林的中国古代建筑的伟大体系，创造了中国古代建筑的不同形体和建筑类型。这些建筑作品超越了单纯的居住功能和单纯的工程技术范畴，成为阶级社会制度和多方面反映社会面貌的艺术创造。从物质形态升华到体现古代思想观念、生活态度、审美意趣和文化创新的精神高度，展现了古代匠师对建筑艺术的无限追求和尽善尽美的艺术境界。

中国的建筑体系是中华民族数千年来世世代代经验累积所创造的，它完美结合了东方建筑的雍容华贵和高雅气质，展现出典雅而华美、浪漫而稳重的独特风格，诠释着一种本色的中国文化。历代匠师们在继承传统文化和艺术精神的基础上，不断创新，留下了反映各个时代历史记忆和艺术结构的建筑遗产。通过新颖的艺术形式，匠师们铸造着中国古代建筑的辉煌历史，使古代建筑的技术和理念走向历史的纵深，融入传统文化惊天动地的浩浩洪流。建筑史学家们则凭借无畏的勇气、渊博的学识、卓绝的才华和宏大的视野，艰辛探索，深入研究，通过对历史资料的钩沉和旁征博引，揭示了历代建筑的结构特色和历史真貌。他们满怀敬仰去探寻古代建筑的艺术成就和民族志向，以敬畏和真诚去追忆那些用心血和智慧书写的建筑史华章。用科学的方法和历史学的审慎，在形式、品质和艺术层面进行精准、细致的民族性打磨，最终将中国建筑艺术融入民族的历史和文化血液中，成为民族进步的标尺和象征，使现代社会的人们得以深入理解和欣赏其深厚底蕴与文化内涵。

中国古代建筑的完美结构和精湛艺术，很早就引起了世界有识之士和建筑师们的真诚关注。长久以来，对于西方人来说，“中国的传统建筑总因其富于异国情趣而令人神往。那些佛塔庙宇的翼展屋顶，宫殿宅第中的格子窗棂，庭园里的月门和拱桥，无不使十八世纪初的欧洲设计家们为之倾倒，以致创造了一种专门模仿中国装饰的艺术风格……他们在壁纸的花纹、瓷器的彩绘、家具的装饰上，到处模仿中国建筑的图案，还在阔人住宅的庭院里修了许多显然是仿中国式样的东西。这种上流阶层的时尚1763年在英国可谓登峰造极，竟在那里的‘克欧花园’中建起了一座中国塔；而且此风始终不衰”。[4]

中国的古代建筑是一种综合的艺术，它结合了设计思维、美术构图和图像视觉、阴阳五行和相地堪舆等诸多文化因素，同时也融注着个人的艺术欣赏和价值评判。这些因素共同体现了人类对美的评价和对善的追求，深化了建筑所涵载的人类生存需要和精神渴望。唯其如是，中国的古代建筑才能呈现出包罗万象的艺术魅力：从宇宙万象到自然天成，从娑婆世界到人生百态，赋予建筑物一种饱满深厚、缤纷灿烂又气概成章的视觉图像，并自然浑成地透溢出内嵌其中的人文基调，体现出中国传统文化对生命的向往与追求。

在新质生产力和数字文化蓬勃发展的时代，我们在现代文明的光环下回顾我们的历史，为文明溯源，为文化寻根，让传统人文与现代文明接轨，把握取舍的智慧，转知成智，使祖国璀璨的建筑遗产转换为当代文明的重要元素，启发我们当代文化的创造力和文化自信。老一辈建筑学家和历史学家为我们提供了广阔的社会图景和丰富的文献图像，留下了传统文化中最重要、最博大的艺术宝库。中国第一代建筑史学家的杰出领导者梁思成先生为了把中国伟大的建筑体系介绍到西方世界，于1947年撰写了《图像中国建筑史》，该书于1984 年在美国出版。书中借助大量的照片和图版，就中国古代建筑的结构体系及其形制的演变，向西方读者作了通俗易懂的解说。“使读者对中国古建筑的伟大宝库有一个直观的概览；并通过比较的方法，了解其‘有机’结构体系及其形制的演变，以及建筑的各种组成部分的发展。”[5]深入浅出地阐发了其对中国古代建筑的感悟、理解和研究，初步揭开了他所谓的“中国建筑文法”的奥秘，开创了以科学方法研究中国建筑史的伟大事业，使读者获得了极大的审美享受，从图像切入，用艺术的视角，把视觉图像融入建筑史的伟大事业。

以我们的才学和能力，虽然未敢涉足体大而虑周的专门著述，但凭借多年来对河北古建筑的勘察设计、保护修缮和数字采集的积累，我们试图利用翔实的资料、真实的图片以及亲手绘制的线图，如古建筑的实测图、建筑结构图、剖面图和局部细作图等，对传统建筑艺术进行感知、理解、想象和解读。这些工作旨在揭示古代建筑的类型和风格，并将其以视觉形式呈现，提炼出其精华，展示其可持续发展的魅力，从而启发我们的创造力和文化自信。2016年以来，河北省文物与古建筑保护研究院以省级以上文物保护单位为实施主体，完成了全省350余处古建筑的数字化信息采集，获得了50TB（太字节）的海量文物数据成果。这些数据主要包括高清影像、数字展示视频、VR全景、摄影测量模型、三维激光点云模型及电子档案、管理信息等，为新时代古建筑的系统性保护、出版研究、数字阐释、数字复原、艺术再现等，奠定了坚实的基础；并为进一步讲好中国文物故事、充分让文物活起来提供了广阔的空间和发展的方向。为了对这份数据成果作出阶段性总结和汇报，我们全院上下共同努力，在河北教育出版社的大力支持和河北师范大学的热忱帮助下，打造了《遇见：河北古建筑》。

全书精选300余幅古建筑图片，并结合大量数字线图，力求深度挖掘和展现河北古建筑的风采，将传统资源和建筑遗产转化为生动的文化表达。此书不仅是对河北古建筑的深情礼赞，也提供了对传统文化的现代解读，旨在向读者传达中国传统建筑震撼人心的艺术魅力，并为未来的建筑保护、研究和艺术创作提供参考和启示。

一、以图入史的旨趣

建筑是视觉的艺术，图像是了解建筑最直观、最易懂、最能引人入胜的途径。以图像艺术解读古代建筑的科学结构、优美构图和多彩形制，不仅通俗易懂，还为读者提供了美的享受。

书中通过全面展现建筑的完整景观和建筑群体，扩展了建筑的空间联想，展现出人文环境和自然美的完美契合及哲理思维；用局部线图的剖析展示出建筑的精巧构造和设计细节。通过对图像的解构和释义，读者可以跨越语言障碍，更直观地理解和欣赏古建筑的独特魅力，跨越时空的距离，直接与历史对话。

书中还以数字测绘、设计线图和艺术再现等形式，准确、生动地保存和记录了古建筑的完整现状和历史信息。这些详细的图像和数据可以使读者对古建筑的结构形式、历史背景、文化内涵有更加深入的了解，从而激发读者对建筑艺术和文化遗产的深层思考和探索热情，使古建筑的历史和艺术价值得以传承和发扬。

二、古建筑图像背后的历史蕴含

建筑遗产是人类社会伟大实践的见证。中国的古代建筑作为承载历史记忆的载体，是民族记忆的宝库。随着历史的变迁和社会的进步，现实环境中许多记忆之地逐渐消失，这激发了人们对历史的探索、对民族的怀旧以及寻根溯源的强烈愿望。人们希望穿越时空，重温祖先的辉煌时代，探索民族文化和自身历史。这种追溯和研究推动了对历史文化遗产的关注。因此，古代建筑是我们寻根和追溯历史真相的重要遗物，它承载着“过去”“起源”“历史”和“故事”的真实面貌，是引发人们想象和反思的实体。

任何一座古代建筑，都蕴含着深厚的历史文化和社会真相。欣赏这些建筑时，我们能够探索其中的历史事件和生活片段，并体悟其独特的文化意涵和历史记忆。古代建筑如同一扇扇时光之门，开启了极其丰富的想象空间和包罗万象的文化维度，使得每次邂逅都仿佛能够重拾那共享的美好时光和人物故事。当我们凝视这些历史建筑与图像时，往昔的场景仿佛重现眼前，带来深刻的视觉与心理共鸣，仿佛穿越了时空，与那些创作这些琼楼玉宇的古代匠师们亲切对话。

三、古建筑图像的文化解读与艺术价值

当我们展开赵州安济桥的精美画面，那雄伟秀逸、如“长虹饮涧，初月出云”“两涯四穴”“玉环半沉”的隋代桥梁杰构如天外彩虹扑面而来。那堪称“千古独步”的桥梁结构，造型之优美、结构之科学，震撼人心；那超越时代的技术成就，让我们领略到它作为隋代桥梁杰作的伟大艺术价值。其线条柔和、构造空灵，既稳重又轻盈，雄伟又不失秀逸。那“方版促郁”的“玉石栏杆”，及其上“蟠绕拏踞，睢盱翕欻，若飞若动”的绮丽图像，为后世保存了大量艺绝古今的隋代雕塑，成为千古绝唱。无论是“竹节宝珠”“斗子卷叶”，还是“寻杖”“盆唇”和“地栿”，都以洗练而不单调、简括而神丰的造型，展现出绮丽多姿的艺术风采，直追汉代雕塑的雄浑与博大，成为我国艺术史上的伟大篇章。从“千丈虹桥望入微，天光云彩共楼飞”的苍岩山桥楼殿，到“水从碧玉环中过，人在苍龙背上行”“月魄半轮沉水底，虹腰千丈架云间”的赵州安济桥；从秦风犹存的蠡县石柱桥到古朴壮观的满城方顺桥，再到华丽典雅的明代安国贵妃桥，河北古代桥梁展现了从石柱桥到独跨单拱桥，再到多跨联拱桥的演变。这些桥梁不仅记录了河北桥梁技术的发展历程，也从艺术和审美层面上营造了心境合一的空间，构建了一个充满诗意的视觉世界。在这个世界中，我们得以与燕赵古桥的创造者进行深刻的对话、倾心的交流，了解他们的匠作精神、审美理念和艺术追求。通过高雅的图像审美体验，我们得以走近燕赵文化的深层，感受其淳朴善良的文化神韵和卓越高远的艺术境界，从而加深对传统文化的理解，激发对当代艺术创新的灵感。

散见于河北大地的古代佛塔，作为我国北方古塔的主要形式，是中国古塔的主流建筑之一，历经时间的洗礼，在中国古代建筑史上占据着不可或缺的地位。历代匠师们在河北创建了各具风采的古塔杰作，为后世留下了不同时代的历史记忆和艺术叙事。这些古塔以其完美的建筑形象和多维的视角艺术，追寻着中国古代建筑的辉煌历史。无论是汉代的雄伟气象还是魏晋南北朝的动乱和震荡，也无论是宋辽的对峙还是明清的辉煌，河北古塔承载了时代的变迁，展现出鲜明的时代特色和艺术魅力。无论是雄伟壮丽、朴雅大方的唐塔，还是绚烂秀逸、婉约大气的宋塔，也无论是豪华绚烂、宛若天女散花的华塔，还是象征权力与贵气的清代皇家塔群，河北古塔通过其精

美的图像，在视觉领域中展现出其在深厚传统文化的滋养下，逐步融入中国建筑体系的伟大历程。在图像的背后，我们能够挖掘河北古塔蕴含的政治叙事和宗教寓意，领略传统吉祥图案和佛教文化符号的完美结合。从波澜壮阔的兴起到轰轰烈烈的发展，再到尽善尽美的成熟，直至完美无憾的结束，河北古塔诠释了诗意的构思、科学的结构与多彩的艺术。我们读懂了河北历代匠师们在建筑中展现的天赋才华和不朽智慧，理解了他们在坚持传统的同时又不断创新的建筑理念。通过极尽工巧的劳动，匠师们淋漓尽致地体现了河北古塔的艺术魅力，使之不仅成为视觉上的瑰宝，也成为历史文化的象征。

总之，图像是视觉艺术，在视觉图像中承载着民族叙事的内旨和传统文化的释义，它不仅提供了包罗万象的知识和经得起检验的实体存在性，还开辟了极其丰富的想象空间。图像将事物的真实面貌以鲜明的视觉形象毫无保留地呈现于观者面前，使人们在对图像的解读和释义中，坦诚真实地与古代建筑艺术进行深刻而真诚的“对话”。通过对古代建筑的赏读和领悟，寻绎出隐含于图像背后丰富的文化意蕴，捕捉那瞬间流动却震撼心灵的伟大的生命光彩。对图像形态的研究，有助于将古代建筑艺术的真谛和价值贡献于历史，从而使那些在遥远年代创造辉煌业绩的伟大匠师们，在现代文明中获得应有的荣誉和崇敬。他们的精神应该成为我们民族的不朽精神和文化基石，寄托我们对自我振兴的祈盼。这也是我们编撰《遇见：河北古建筑》的初衷所在。

刘忠伟

2024年9月

注释：

［1］梁思成. 古建序论［M］//梁思成. 梁思成文集：四. 北京：中国建筑工业出版社，1986：94.
［2］梁思成. 中国建筑的特征［M］//梁思成. 梁思成文集：四. 北京：中国建筑工业出版社，1986：96.
［3］梁思成. 中国建筑的特征［M］//梁思成. 梁思成文集：四. 北京：中国建筑工业出版社，1986：103.
［4］费慰梅. 梁思成传略［M］//梁思成. 图像中国建筑史. 北京：中国建筑工业出版社，1991：Ⅻ.
［5］吴良镛. 序［M］//梁思成. 图像中国建筑史. 北京：中国建筑工业出版社，1991：Ⅷ.

目　录

邢台市

保定市

张家口市

承德市

沧州市

廊坊市

衡水市

定州市

雄安新区

遇见：河北古建筑

ACQUAINTANCE
Ancient Architecture of Hebei Province

石家庄市

毗卢寺毗卢殿壁画（局部）

毗卢寺

Pilu Temple

毗卢寺位于石家庄市新华区上京村东，东为九龙湖，西南临石津灌渠及石清路。

寺院始建于唐天宝年间（742—756），后屡经重修，现占地面积约1.5万平方米。山门位于寺庙东南侧，中轴线从南向北依次为释迦殿、毗卢殿和禅堂基址。其中释迦殿、毗卢殿为明代遗存，东西两侧有钟鼓楼。寺院内尚存明清碑刻九通。

毗卢寺全景（由南向北拍摄）

毗卢寺释迦殿（由东南向西北拍摄）

毗卢寺毗卢殿（由西南向东北拍摄）

释迦殿，面阔三间，进深两间，前出廊，单檐悬山布瓦顶，后檐明间出卷棚顶抱厦。明间出前后檐柱及后金柱，前四步梁、后双步梁，两次间用前后檐柱及山柱，前后三步梁。现室内梁架尚存明代彩画。

毗卢寺释迦殿正立面

毗卢殿是寺内主殿，建在高约1米的台基上，平面呈十字形。殿身面阔三间，进深两间，单檐庑殿布瓦顶。殿身前后出抱厦。前抱厦为歇山布瓦顶，山花向前；后抱厦为单坡布瓦顶。建筑明间采用七檩三柱，前施用四步梁与垂柱承托角梁，构成翼角结构。现室内梁架尚存明代彩画。

毗卢寺毗卢殿正立面

毗卢殿东西两侧为钟、鼓楼。毗卢殿前后立有石碑九通，依次为“重修毗卢禅寺功绩圆满庆赞碑”“节次重修大毗卢寺功绩圆满庆赞碑”“真定府知府王腾为举保主持事碑”“住持僧道住田产记碑”“重修毗卢禅寺碑记”“重修毗卢寺碑记”“真定县儒廪膳生员为重修古刹殿宇碑”“重修毗卢寺记碑”等。

禅堂基址位于毗卢殿后，现存高约0.4米台基。禅堂基址北侧为展厅，展陈有毗卢寺壁画及出土遗物等。

毗卢寺释迦殿室内

毗卢寺毗卢殿壁画（局部）

毗卢寺最为珍贵的是其精美的明代壁画。释迦殿内四壁绘有汉化的佛传故事，为明嘉靖年间（1522—1566）绘制。毗卢殿内绘有以佛、道、儒三教合流为内容的水陆画，面积约120平方米，绘三层122组人物像，层与层、组与组之间以祥云隔连，人物与人物连贯自然，浑然一体，气势宏伟。壁画内容丰富，形象突出，布局合理，主次分明，线条流畅，色彩丰富；人物形象刻画大量运用了沥粉贴金的技法，呈现出强烈的立体感，充分体现了古代劳动人民的才智和高超技艺。

毗卢寺历史悠久，现存壁画绘画技术精湛，是研究我国古代绘画技术和艺术的重要实物遗存。1996年，毗卢寺被国务院公布为第四批全国重点文物保护单位，时代为明。

天护陀罗尼经幢

Dharani Sutra Pillar at Tianhu

天护陀罗尼经幢位于石家庄市井陉矿区横涧乡天户村中部东禅院遗址。

经幢始建于唐开元十五年（727），青石质地，平面呈八边形，由幢座、幢身和幢顶三部分组成。

幢座共计六层。最下层为一六边形青石座，各面均有雕刻。其上为一方形石座，再上置一八角素面石盘，石盘上为一八角扁石，每面雕有坐姿不同的造像一尊。扁石之上为一八角素面石盘，石盘之上为圆形覆莲花石座。

幢身为八角八面石柱，是经幢的主体部分，高1.37米，边宽0.25米。东立面上额刻有楷书“为国敬造佛顶尊胜陀罗尼幢”，字体挺秀，笔力刚劲，刻工精湛；其他立面刻梵文佛经，东南立面落款处可见“大唐国镇州井陉天护城东禅院……开元十五年岁次丁卯十一月己亥朔八日建”等字迹，为经幢的建造年代提供了确切依据。

幢身之上为雕刻华丽的七层幢顶。第一层为八角伞盖，每面雕刻有垂幔、飘带和花绳；第二层为圆形覆莲花式石

天护陀罗尼经幢（由南向北拍摄）

天护陀罗尼经幢东立面

天护陀罗尼经幢北立面

天护陀罗尼经幢西立面

座；第三层为鼓状圆石，雕刻有狮、象等瑞兽；第四层为一八角石，其上雕刻狮首、飘带和花绳；第五层为须弥座式石件，四正立面佛龛内各雕有造像一尊，四斜立面各雕力士一尊；第六层为双层仰莲石座；第七层为一八面石柱，每面佛龛内雕刻立式造像一尊。再上部分残缺，形制不明。

天护陀罗尼经幢，保存较为完整，年代确切，为我国现存早期陀罗尼经幢的典型代表，充分体现了唐代石刻造型艺术的成就。1996年，天护陀罗尼经幢被国务院公布为第四批全国重点文物保护单位，时代为唐。

天护陀罗尼经幢俯视图

福庆寺全景

福庆寺

Fuqing Temple

福庆寺位于石家庄市井陉县苍岩山镇胡家滩村南苍岩山风景区。

福庆寺始建年代不可考，旧名兴善寺，宋大中祥符七年（1014）宋真宗敕赐“福庆”匾额，从此正式定名为福庆寺，一直沿用至今。金、元、明、清、民国时期均有修缮，现存建筑主要为明清建筑遗存。

寺庙依苍岩山北侧悬崖峭壁就势而建，离地高度200米，与环境浑然一体。按其空间格局可分为上、中、下三层，重要的古建筑主要施建在中层。主要建筑有桥楼殿、天王殿、圆觉殿、公主殿等。

桥楼殿建于清康熙年间（1662—1722），坐落在长

福庆寺桥楼殿（由西向东拍摄）

福庆寺天王殿（由东向西拍摄）

福庆寺圆觉殿（由西北向东南拍摄）

约15米、宽约8米的石拱桥上，重檐歇山黄绿琉璃瓦顶建筑。建筑面阔五间，进深三间，六椽七架梁用二柱，周围出廊。殿内施天花，墙壁绘有壁画，大部分漫漶不清。头层檐下施三踩斗拱，二层檐下施双下昂五踩斗拱。明间施隔扇门，次间施槛窗。桥楼殿高耸险峻，构造精巧，横架于两崖之间，从涧底仰望，青天一线，桥楼凌空，宛如彩虹高挂，故称“桥殿飞虹”。

天王殿坐落于西南绝谷的石拱桥上，坐西朝东。建筑面阔三间，进深二间，重檐歇山黄绿琉璃瓦顶，二柱六椽七架梁木结构，檐下施龙、凤、象异形半拱。明间后檐施板门。

圆觉殿位于桥楼殿东，山涧南侧平台。殿坐南朝北，面阔五间，进深三间，单檐歇山黄绿琉璃瓦顶，明间三柱六椽前四步梁对后双步梁，次间二柱六椽七架梁木结构，檐下施双下昂七踩斗拱，明间施隔扇门，次间、梢间施槛窗。

公主殿依山体而建，坐西朝东，建筑面阔五间，进深二间，五架梁用二柱，单檐丁字歇山黄绿琉璃瓦顶。明间出正脊，前交于建筑南北向大殿正脊，后交于山体崖壁；梁架结构为五架梁用二柱。殿内供南阳公主造像。

福庆寺桥楼殿天花

福庆寺桥楼殿壁画

福庆寺圆觉殿室内（由东北向西南拍摄）

福庆寺桥楼殿一层斗拱

除木构建筑外，寺内另有大乘妙法莲华经塔、洪福大师宗主灯公寿塔经幢和160余通石碑。

福庆寺将自然美和人文美融为一体，是古代劳动人民智慧的结晶，寺内文物数量多、价值高，是我国现存的重要悬空寺之一。福庆寺的建筑布局，既有别于南北中轴线为主体的传统封闭院落布局，又不同于其他悬空寺半倚半悬的山间寺庙布局。它独特的风格可概括为“崖间就势，涧上飞构”——借山势的幽峭，以成殿宇的秘奇；天工与人力浑然一体，静中寓动，显示出佛门的威严。2006年，福庆寺被国务院公布为第六批全国重点文物保护单位，时代为明至清。

井陉旧城城墙

City Walls of Ancient Jingxing

井陉旧城位于石家庄市井陉县天长镇，坐北面南，因形如簸箕，又称“簸箕城”。

天长古镇历史悠久，汉代已成村落，唐代设立军镇。宋熙宁八年（1075），移井陉县治于此，并设天威军。金元时曾为州，明洪武元年（1368）恢复为县治，洪武九年（1376）始筑土城。明嘉靖九年（1530），将土城改为石城，立有东、西、南三门。明隆庆三年（1569），增建瓮城。明天启元年（1621），因南城屡遭水患，移水门于正门之前，上建览秀楼。明崇祯八年（1635），西城增高五尺。清康熙、雍正年间，东、西、南城楼皆有修缮。清代至民国时期，该城为县治之所。

井陉旧城城墙南门及瓮城俯视图

井陉旧城城墙全景（由东南向西北拍摄）

井陉旧城城墙俯视图

井陉旧城北高南低，东、南、西三面临绵河，北依土山。城墙周长约1700余米，东、西、南三面辟门，并增设瓮城。城墙形制为夯土墙芯外包青石或全部夯土两种做法。现存城墙为明清时期遗存。

南城墙长520.3米，外高20米，地基宽12米，顶宽5.25米，断面呈梯形，夯土墙芯外包毛石砌筑，上为青砖垛口。南城墙整体保存完整，有马面四座。南门券洞部位用青砖包砌而成，上镶青石额曰“文明门”，余为毛石包砌，现残高约6米，城楼不存。南门之外设瓮城，瓮城置两门，南门曰“会源门”，其上为览秀楼；东门曰“宁河门”。

西城墙长419米，高18米，底宽18米，顶宽5米，断面呈梯形，皆用毛石包砌，西门门券已塌毁，现今已不存。原有瓮城不存，仅存瓮城之南门“镇武门”。

东城墙长419米，高18米，底宽18米，顶宽5米，由石筑和土墙两部分组成——石筑长233.1米，外石内土；土墙长195.9米，部分墙体因建

井陉旧城城墙小南门南立面

井陉旧城城墙小南门北立面

井陉旧城城墙南门瓮城城门北立面

民房而中断。东门除城楼不存外，其余皆保存完好，门券洞皆用条石砌筑，无额。瓮城现存城墙高6.5米至7.5米，原仅有南门“东聚门”，抗日战争时期增开东门，形成今之格局。

北城墙长400米，高18米，底部宽18米，顶宽不等，全为土墙，部分墙体坍塌。

井陉旧城城墙历史悠久，保存较为完整，在古代城镇规划、军事防御、城墙营造等方面均具有较高的科学研究价值。2013年，井陉旧城城墙被国务院公布为第七批全国重点文物保护单位，时代为明至清。

井陉旧城城墙南门瓮城城门南立面

凌霄塔全景（由南向北拍摄）

凌霄塔

Lingxiao Pagoda

凌霄塔位于石家庄市正定县城镇州南街天宁寺内。

天宁寺为正定八大古寺之一，现寺内仅存凌霄塔和前殿基址。

凌霄塔始建于唐代宗年间（762—779），宋庆历五年（1045）重修，金皇统元年（1141）重建，明清时期多次修缮。

凌霄塔为八角九层砖木混合结构的楼阁式塔，据清《正定县志》载，高十八丈。1986年重修后，塔高40.98米。塔下为高1.15米、边长9米至9.2米之间的八角形台基。

塔身底层边长为6.1米至6.35米，自下而上逐层向内收分。一至三层为宋庆历五年（1045）在唐塔的基础上重修之遗存，主体为砖砌结构。檐上置平座，檐下柱、枋、斗拱均为砖仿木作，仅椽飞、角梁为木质。四至九层为金皇统元年（1141）重建之构，主体为木结构。

塔身各层均施斗拱。每层转角施用转角铺作。外檐一至三层每面各置补间铺作三朵，四至九层每面置柱头铺作两朵。塔身斗拱样式基本相同，均为四铺作出单杪，仅九层因开间变小，令拱为鸳鸯文首拱做法，与其他各层略有不同。

塔身第一层甚高，单开间，墙体下部设土衬石，上部设腰线石，门口及转角部位设角柱石。墙体青砖砌筑，上施普拍枋，枋上施斗拱承托椽飞及瓦顶，瓦顶之上为砖砌冰盘檐平座。一层塔身四面辟圆拱形门洞，置板门，由东、西、南门可进入塔心室，塔心室为穹窿顶；北门则为登塔而设，入北门，沿塔壁间砖砌踏跺拾级而上，经二、三可达四层。

凌霄塔南立面

凌霄塔东北立面

凌霄塔西北立面

凌霄塔俯视图

凌霄塔中心柱（由南向北拍摄）

凌霄塔壁画（由西北向东南拍摄）

二、三层塔身外立面形制相同，四角施仿木砖柱，四正立面置砖仿木腰线；墙体青砖砌筑，上施阑额、普拍枋，其上斗拱、平座做法与一层相同；四正立面辟拱形门洞，门为直棂窗式。二层塔身内墙壁均绘佛教题材壁画，现西南面皆失，其余各面均残存上半部，云纹和四正面佛像及背光依稀可见。三层塔身内楼板为木质，顶部南北方向置4根承托枋，枋上东西向置承重梁2根。

四至八层塔身结构相同，每面均为三开间，设有内、外檐柱。外檐柱柱头上承阑额、普拍枋和斗拱，斗拱耍头后尾搭于内檐柱，斗拱上托屋面。自四层塔心室中心部位竖立木质塔心柱，柱脚立于三层顶部东西向承重梁上，塔心柱周围附8根抱柱，抱柱柱头置8根放射状趴梁，在内檐柱处与角部耍头后尾相连。四正立面除四层塔身辟门洞外，其余各层均辟窗洞，均为直棂窗式。四至九层塔身均设有木质楼梯。

九层塔身每面三开间，仅设外檐柱，柱头上部施阑额、普拍枋，枋上施斗拱，斗拱上承屋面。梁架结构为六架椽屋周围趴梁对中心柱。斗拱里跳为五铺作出双杪。柱头铺作第二跳华拱上置令拱，令拱同外檐，亦做鸳鸯交首拱样式，令拱上置散斗承托下平槫及枋；转角铺作第二跳华拱位置由趴梁代替。8根趴梁上立蜀柱，蜀柱上置襻间斗拱、襻间枋，承托上平槫、枋。脊槫置于8根抱柱柱头之上，与塔心柱上平齐平。塔心柱与撩檐槫之间置角梁。九层塔身四正立面辟窗洞，为直棂窗式。

塔顶置有覆钵、仰莲、相轮、宝盖、宝珠组成的铁质塔刹，周匝用垂链固定。

凌霄塔所采用的对稳定塔身极为有利的塔心柱结构形式，为我国现存古塔中的罕见实例，是我国现存为数不多的木塔和半木构塔中时代较早者。1988年，凌霄塔被国务院公布为第三批全国重点文物保护单位，时代为唐至宋。

开元寺全景（由西南向东北拍摄）

开元寺

Kaiyuan Temple

开元寺位于石家庄市正定县燕赵南大街，始建于东魏兴和二年（540），原名净观寺。隋开皇十一年（591）更名为解慧寺，唐开元年间（713—741）始为今名，是我国北方早期著名的佛教寺院之一。

开元寺坐北朝南，现存钟楼、须弥塔、天王殿、三门楼遗址等。其中钟楼和须弥塔是开元寺的重要建筑遗存，钟楼和塔左右对称布置的平面布局为我国现存古代寺院的唯一实例。

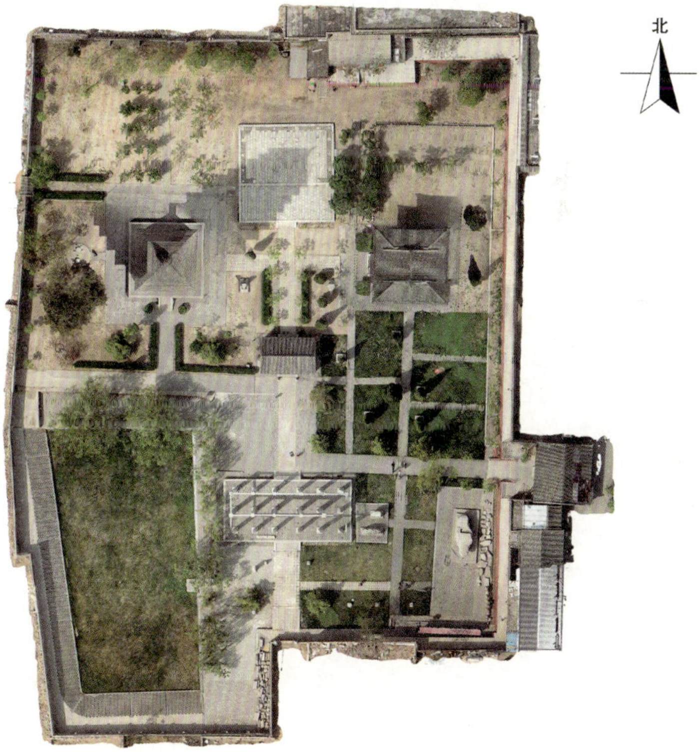

钟楼正立面

钟楼侧立面

钟楼梁架

钟楼，坐东朝西，与须弥塔相对而立，建于唐，明清重修，是我国现存唯一的唐代钟楼实例。面阔进深均为三间，重檐歇山布瓦顶。前明、次间各开双扇板门，明间板门大于两次间。明间檐柱及内外柱同高，柱头卷杀，有明显的侧脚和生起。外檐四角檐柱为素平方形柱础，明间檐柱及内柱均用覆莲柱础，各间柱头用阑额联结，不施普拍枋，阑额至角柱不出头。内外柱用乳栿和草栿相连。乳栿为月梁形，曲线柔和，制作精细。内外柱头、转角均施斗拱，斗拱用材硕大，结构简单。外檐外跳为双杪五铺作偷心造，内跳单杪四铺作，次间无补间铺作，明间补间铺作隐刻在泥道慢拱和正心枋上，内槽斗拱为双杪五铺作偷心造。二层梁架为四架椽屋用四柱。钟楼室内北侧有楼梯，上下层间置平座栏杆。钟楼底层地面以方砖铺墁，中心与上部铜钟对应位置砖砌一井眼。钟楼屋顶九脊顶，坡度平缓，以灰瓦覆盖，正脊两端饰鸥尾，各翼角挂风铎，木构件及墙体均为土红色。钟楼于1988年落架重修，上层部分梁架结构按唐代建筑风格进行了复原，是我国现存为数不多的唐代木构建筑，在我国建筑史上占有重要地位。

须弥塔，坐北朝南，与钟楼相对而立，是寺内的主体建筑之一。初建于唐贞观十年（636），现存建筑为清康熙元年（1662）在唐塔基址上重修。[1]须弥塔为砖石结构的九层叠涩密檐式空心方塔，由台基、塔身、塔刹三部分组成。台基平面

须弥塔正立面

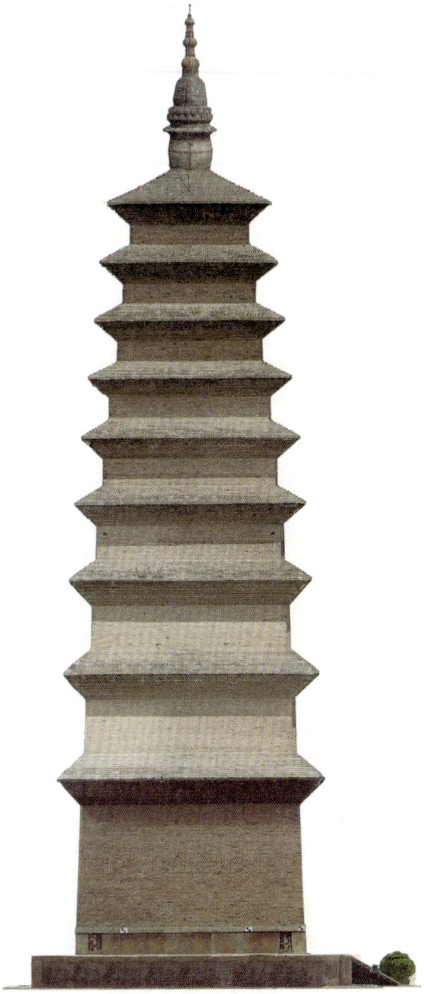

须弥塔侧立面

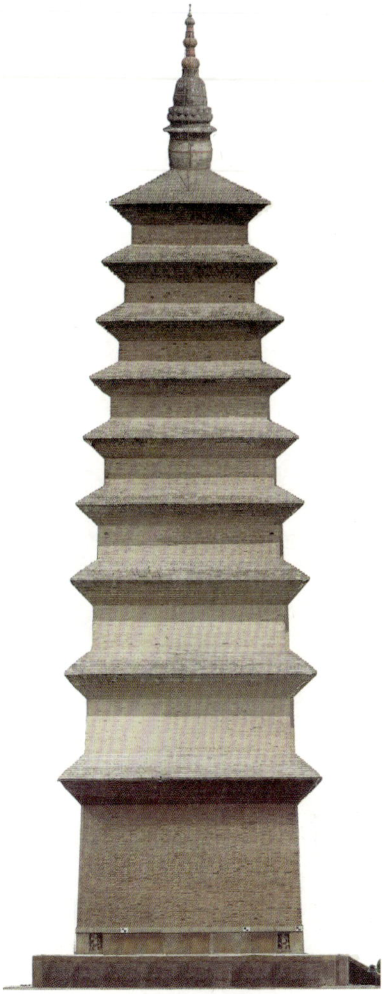

须弥塔背立面

呈正方形，边长约13.1米。塔通高42.5米。一层塔身较高，塔身底层砌陡板石一圈，并于四转角处浮雕力士八尊，陡板石上置腰线石。正面辟拱形石券门，施双扇板门，门上端嵌须弥峭立石额。以上各层高度逐层递减，逐渐向内收分，二至五层正面各留有长方形直窗。九层塔顶上冠以头层覆钵、单层仰莲、双层仰莲、二层覆钵、四层宝珠、金属刹杆等组成的塔刹，塔刹相对应的九层塔顶四角、四面各施用铁质拉链固定于檐部及角梁上。须弥塔造型简洁疏朗，稳重端庄，具有明显的唐代砖塔风格。

2006年，国务院将开元寺须弥塔与第三批全国重点文物保护单位开元寺钟楼合并，统一公布为第六批全国重点文物保护单位，统称开元寺，时代为唐至清。

[1] 2005年，须弥塔维修过程中，在塔刹第一层宝珠上发现了重要的铸造铭文，其内容为：“直隶真定府开元寺旧有宝塔一座，自大唐贞观拾年肆月初捌日建立，迄清朝壹仟叁佰余年，于顺治拾捌年柒月贰拾贰辰时倒□，有僧大造化名自成等同化重建，从康熙元年修至康熙□秋月……”

隆兴寺全景（由南向北拍摄）

隆兴寺

Longxing Temple

隆兴寺位于石家庄市正定县县城旺泉南街西侧，始建于隋开皇六年（586），初名龙藏寺，唐代改额龙兴寺。北宋开宝四年（971），寺内奉旨铸造铜质千手观音菩萨像，并肇建大悲宝阁。此后对寺庙进行多次扩建，形成了以大悲阁为主体的布局完整、规模宏大的建筑群，并被誉为“河朔名寺”。

寺庙在金、元、明各代均有不同程度的修葺和增建。清康熙、乾隆年间，又曾两次奉敕大规模重修。寺院东为僧徒起居之处，中为佛事活动场所，西为帝王行宫，形成了“三路并举”的建筑格局。清康熙四十九年（1710），康熙亲书“敕建隆兴寺”横额，龙兴寺易名隆兴寺，并沿用至今。

隆兴寺现仅存中、东两路建筑，各路建筑依中轴线纵深布置，殿宇重叠，高低错落，主次分明。

中路为寺院主要部分，主要殿阁分布在中轴线上及其两侧。中轴线最南端为一字形琉璃影壁，往北过三路单孔石桥，进入主院天王殿，而后是大觉六师殿遗址、摩尼殿、牌楼门、戒坛、大悲阁及两座耳阁（御书楼和集庆阁）。穿过大悲阁顺甬路到弥陀殿及弥陀殿东西配殿，最后为毗卢殿。中轴线两侧从南至北分别排列有天王殿两侧一封书撇山影壁，东南、西南两角门，摩尼殿东西配殿（遗址），戒坛东侧碑亭（现仅存基址，基址上立清嘉庆御碑“敬叠皇考九言诗韵碑”），慈氏阁和转轮藏阁（戒坛与大悲阁之间）。慈氏阁东侧、转轮藏阁西侧分别建有碑亭（仅存基址与石

隆兴寺天王殿（由东南向西北拍摄）

隆兴寺摩尼殿（由南向北拍摄）

铜铸毗卢佛像

铜铸千手观音像

隆兴寺摩尼殿正立面

碑），慈氏阁东侧碑亭基址上立“乾隆礼大佛因题长句碑”，转轮藏阁西侧碑亭基址上立“乾隆礼大佛再叠旧作韵碑”。大悲阁月台前，东西两侧对称坐落东御碑亭和西御碑亭。大悲阁东侧有伽蓝殿及其南北配殿，西侧有祖师殿及其南配殿、西庑数间。弥陀殿后西侧有宋墓一座。毗卢殿西侧有梦堂和尚经幢。

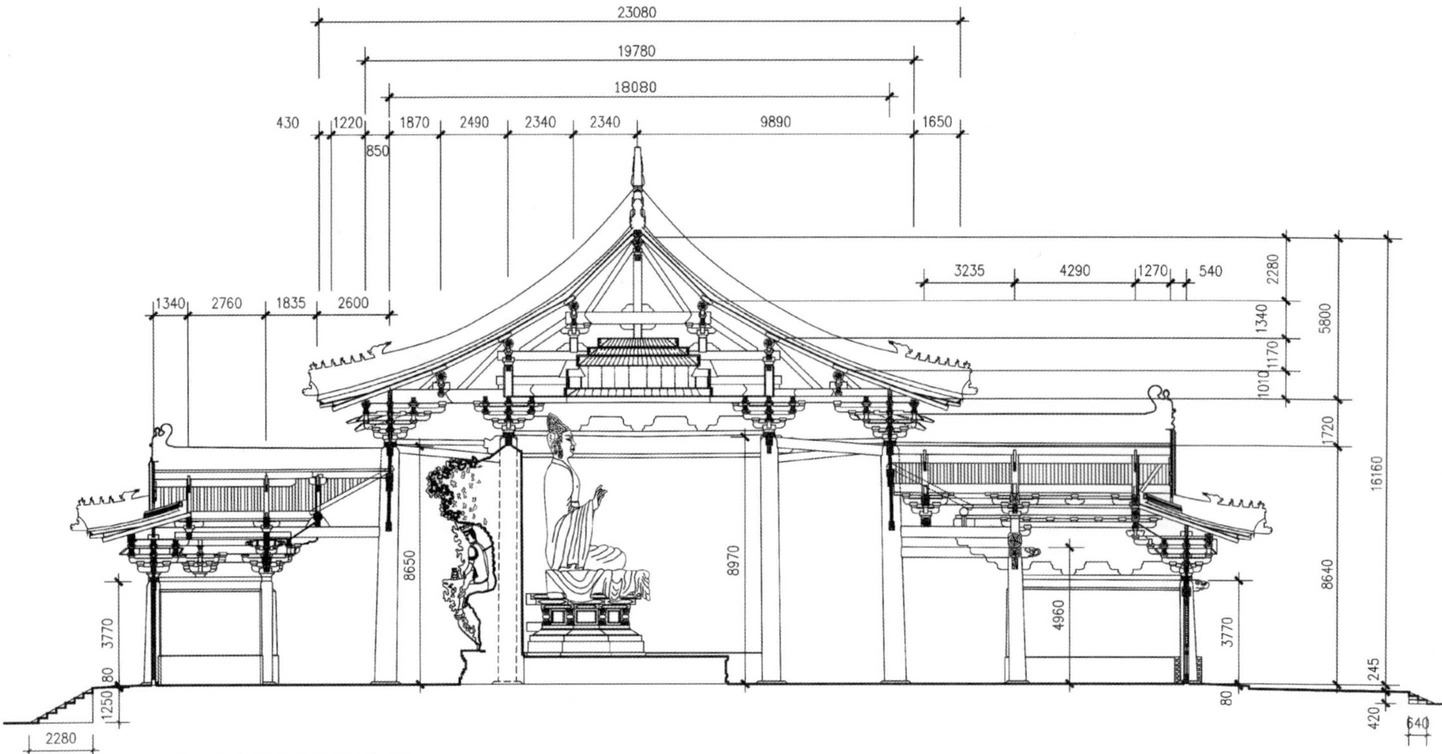

隆兴寺摩尼殿明间横剖面图

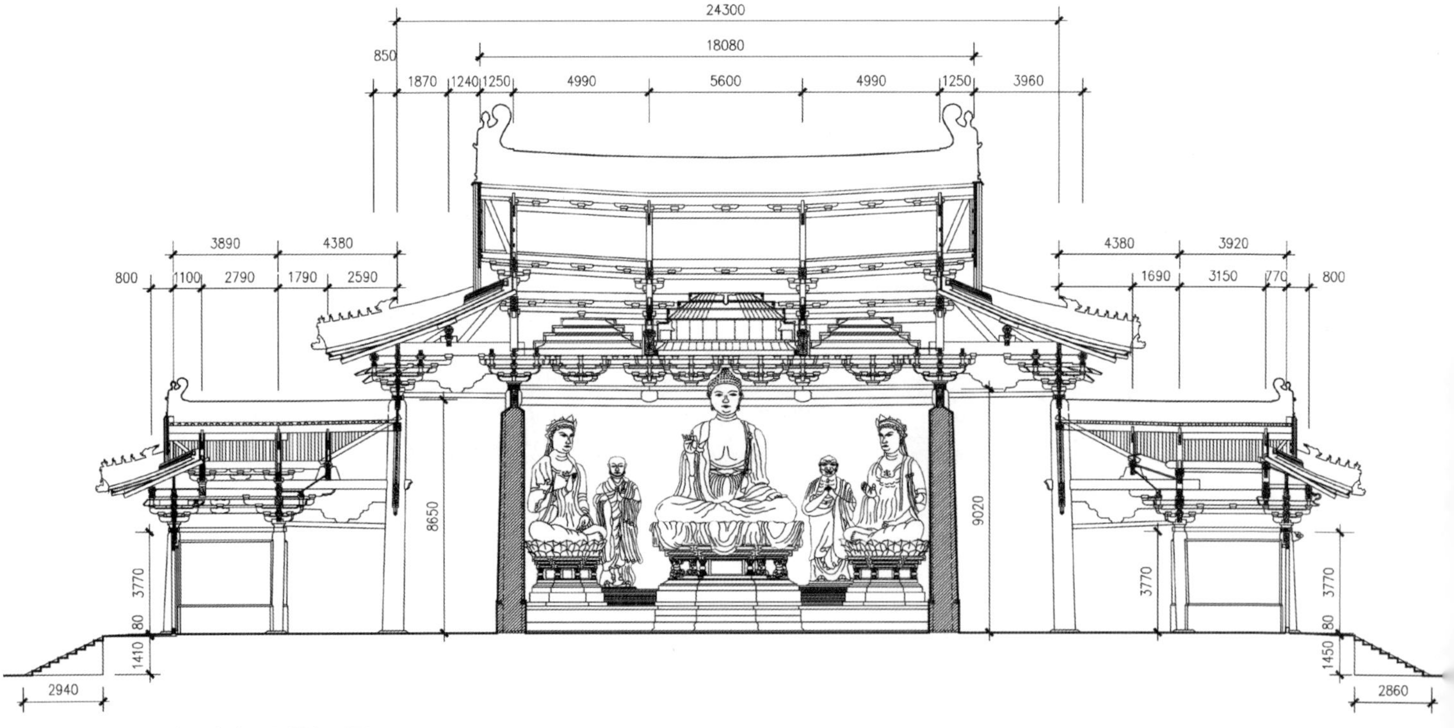

隆兴寺摩尼殿纵剖面图

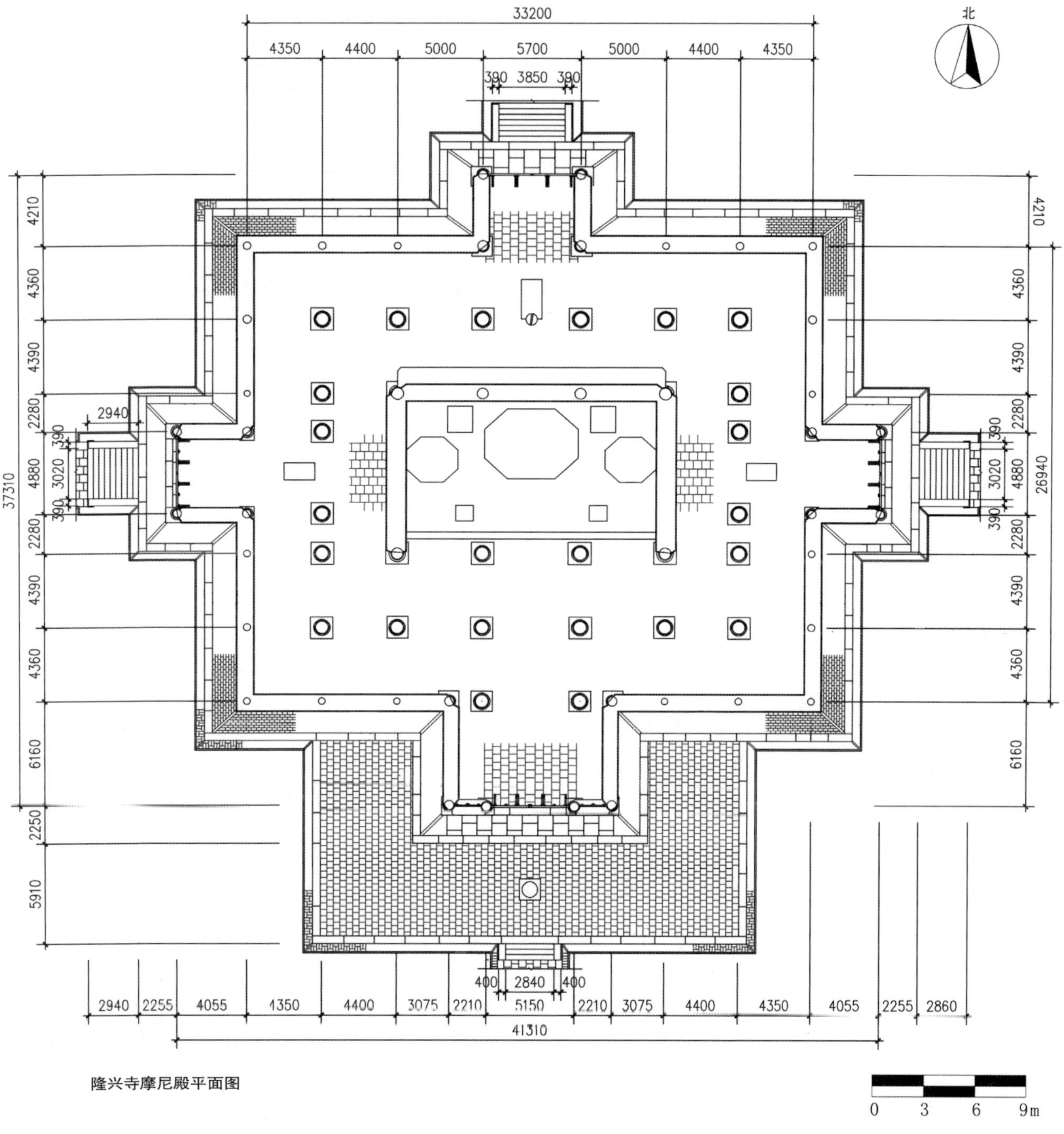

北
33200
4350
4400
5000
5700
5000
4400
4350
390
3850
390
4210
4360
4390
2280
2940
390
3020
4880
390
2280
4390
4360
6160
2250
5910
37310
26940
400
2840
400
2940
2255
4055
4350
4400
3075
2210
5150
2210
3075
4400
4350
4055
2255
2860
41310
0
3
6
9m

隆兴寺摩尼殿平面图

隆兴寺慈氏阁（由西南向东北拍摄）

隆兴寺转轮藏阁（由东南向西北拍摄）

隆兴寺布局错落有致，每座建筑造型各有时代特点，其中天王殿、摩尼殿、转轮藏阁、慈氏阁是寺内保存最为完整的四座宋代木构建筑，是宋代建筑法式的典型实例。同时，隆兴寺作为千年古刹，是一座珍藏了无数中华瑰宝的艺术宝库。寺内荟萃了丰富的碑刻、壁画、佛像等附属文物，如造型精美的宋代转轮藏，被推崇为“隋碑第一”“楷书之祖”的龙藏寺碑，被鲁迅先生誉为“东方美神”的五彩悬塑观音像，我国现存最高的宋代铜铸观音菩萨像，设计巧妙、富于变化、做工精细的铜铸毗卢佛像等。北宋钱惟治《春日登大悲阁》诗云：“圣方钦崇教，千光显绀容。映云窗倚暖，笼月箔花重。净刹香风远，危栏碧雾浓。胜因良以咏，华阁一斯逢。”梁思成先生曾赞誉：“京外名刹当首推正定府隆兴寺。”

隆兴寺是中国国内现存时代较早、规模较大且保存完整的佛教寺院之一。历代帝王曾多次到此巡幸驻跸，上香礼佛，题诗书匾，刻碑立石。1961年，隆兴寺被国务院公布为第一批全国重点文物保护单位，时代为宋。

隆兴寺慈氏阁正立面

隆兴寺转轮藏阁正立面

临济寺澄灵塔全景（由西北向东南拍摄）

临济寺澄灵塔

Chengling Pagoda of Linji Temple

临济寺澄灵塔位于石家庄市正定县县城内四合街临济寺内，俗称“青塔”，始建于唐咸通八年（867）。元至正三年（1343），明弘治十八年（1505）、正德十六年（1521），清雍正四年（1726）、道光十年（1830）均有修缮，现存为金代建筑。

澄灵塔为一座八角九级密檐式实心砖塔，塔通高30.47米，由石砌台基、基座（须弥座）、塔身、塔刹四部分组成。

台基，石砌，八角形，高1.3米，前后正中出垂带踏跺五级。

台基以上为砖砌的基座（须弥座），束腰处除南正面为素面，其余各面作壶门两个，内外雕饰花卉，壶门之间以立柱分隔，各转角处立砖柱，上置普拍枋，施斗拱，均为五铺作出双杪。斗拱上承有砖雕栏板，栏板分为上下两层，上饰卷草缠枝及人物图案，下饰万字纹图案，中隔立柱。

九级塔身端立于仰莲之内，塔身第一层甚高，为辽、金密檐式塔的常见形式。塔身转角作圆形倚柱，柱头均作卷杀；柱头上置阑额，阑额之下雕刻倒悬云头装饰；普拍枋上置斗拱，样式同塔基做法；斗拱之上为瓦顶，叠涩檐。第一层塔身四正立面设双开式假门，假门为四抹头拱券式，四侧立面设假窗，为拐子锦窗格。二至九层塔檐紧密相叠，递次内收，檐下斗拱只出单杪。第二、四、六、

临济寺澄灵塔塔基及一层
塔身（由西向东拍摄）

临济寺澄灵塔塔身（由西北向东南拍摄）

八层补间铺作，用斜出的如意斗拱，而三、五、七、九层则仅用单纯的华拱构造。塔身东、南、西、北四正面每层檐下各挂铜镜一枚，由下至上渐次增大。

塔顶砖砌仰莲三层刹座，刹座之上是由覆钵、相轮、刹杆、宝盖、仰月和宝珠组成的金属塔刹。每层塔檐之翼角，均安置套兽、仙人、戗兽和风铎。由于塔刹高大，在塔顶八角的垂脊上系铁链八条拉护，以使稳固。

临济寺澄灵塔整体设计精巧，富于变化，此塔轮廓线较直，第一层较高，基座与第一层塔身表面装饰华丽，施用砖雕斗拱及栏杆，且采用45°斜拱，雕刻细致、精美，是河北现存古塔中难得的金代古塔实例。2001年，临济寺澄灵塔被国务院公布为第五批全国重点文物保护单位，时代为金。

广惠寺华塔全景（由南向北拍摄）

广惠寺华塔

Flowery Pagoda of Guanghui Temple

广惠寺华塔位于石家庄市正定县县城燕赵南大街南部东侧的广惠寺院内，又称多宝塔。广惠寺始建于唐贞元年间（785—804），现仅存华塔一座，塔总高33.35米。

广惠寺华塔由主塔和四个小塔组成。主塔一层平面为八角形，外设回廊，东、西、南、北四正面辟门以出入。回廊东南、东北、西北、西南四侧面各依附一平面为扁六边形套室，单层、亭状，青瓦顶，俗称“小塔”。小塔内墙壁与主塔回廊连接，外檐施斗拱，补间铺作出45° 斜华拱。

主塔一层北面设有阶梯向上，穿过塔心室直达二层。二层下为平座，塔身每面三间，四正面明间辟门，次间及四斜面各间均饰方格假窗。二层斗拱最为简单，仅出两跳华拱。二层仍设回廊，回廊内壁辟小佛龛，在斜面两壁对应分布，四龛一组，呈上下两行排列。从北门出塔至三层，回廊即逝，塔身骤小，使平座颇显宽大。塔身东西两面为假门，余四斜面为假窗，南面辟门，内为塔心室，供奉两尊石佛造像，三层塔身檐下施斗拱，补间铺作出60° 斜向华拱。

三层至四层间的壁塑部分，是华塔的精华

广惠寺华塔（由西南向东北拍摄）

广惠寺华塔三层至四层之间塔身

之所在。通体力士、犼、狮子、大象、佛、菩萨等艺术造型，以八面八角形式交叉分布于塔体。其间又分别以莲座和造型古朴的单檐小方塔相间隔。华塔立面形象由此显得极为繁华富丽，使之成为同类建筑中的典型代表。

四层为塔之顶层，檐下施斗拱，补间出一跳华拱，再上为八脊青瓦塔顶。

广惠寺华塔平面布局独特，立面造型别致，为中国现存古塔之孤例。1961年，广惠寺华塔被国务院公布为第一批全国重点文物保护单位，时代为金。

正定城墙南城门（由西南向东北拍摄）

正定城墙

Ancient City Walls at Zhengding

正定古城位于石家庄市正定县中部，滹沱河北岸，南距石家庄市中心约15公里。

《正定县志》载，正定城始建于北周时期，初为石城。唐宝应二年（763），成德军节度使李宝臣因滹水灌城而进行拓建，将原城墙拆除，以夯土筑城。明正统十四年（1449），都御史陆矩、御史陈金增将真定府城修建为高三丈余、上宽二丈、周长二十四里的土城。明隆庆五年（1571），知县顾绶始易以砖石，至知县周应中动用府库银六万余两，由真定府所属各州、县征派大量民工、卫军，分段包修，于明万历四年（1576）竣工。明崇祯十年

正定城墙南城门（由北向南拍摄）

正定城墙东城门（由东向西拍摄）

正定城墙北城门（由西北向东南拍摄）

正定城墙西城门南门（由南向北拍摄）

（1637）、崇祯十二年（1639），清康熙二十五年（1686）、雍正元年（1723）、嘉庆十六年（1811）、同治七年（1868）均对城墙进行过修补。

正定城墙平面近似长方形，南北长于东西，东南缺一隅，呈官帽形。城外护城河宽十丈余，深二丈余。四城门东曰“迎旭”，南曰“长乐”，西曰“镇远”，北曰“永安”。四城门外均置瓮城、月城。东西两城门相对，之间贯以东西主干街道。南北城门错位相向，形成南北两条主干街道。城墙全长10.8千米，南城墙保存基本完整，东、西、北三面城墙局部点段地面以上无存。城墙为夯土墙芯外侧包砖、内侧夯筑灰土的结构形式，墙体内外均设有马面。

正定城在城制结构上最明显的特色是四门各有三重城垣。里城外面环绕有瓮城，瓮城外面又绕月城一道。瓮城与里城同高，月城高为里城之半。里外三重门。里城、月城随正方位开门，瓮城门东、北偏于正门右，西、南偏于正门左，与正门呈错向，形成曲折迂回的形势。

正定古城，曾与保定、北京并肩为“北方三雄镇”，这里曾是中山国、恒山郡、常山郡的治所，有着深厚的历史积淀和丰富的文化内涵。1994年，正定古城被列为国家级历史文化名城。正定城墙是正定建城史的重要见证，对研究古代城市制度具有重要意义。2013年，正定城墙被国务院公布为第七批全国重点文物保护单位，时代为明。

正定梁氏宗祠全景（由西向东拍摄）

正定梁氏宗祠

Liang's Ancestral Temple at Zhengding

正定梁氏宗祠位于石家庄市正定县正定镇燕赵南大街路东，是明清时期正定梁氏家族的家祠。

据《正定县志》和《梁氏祖谱》记载，梁氏本是山西蔚州大族，明洪武初期为避战乱，梁聚携眷迁至真定（正定古称）。最初在真定城东北10公里处人称“东冈”的地方开荒种地。至三世时，人丁开始兴旺，家产日渐可观，并且在城内真定署前置宅第。六世，梁桥出任布政使司经历。至七世，梁梦龙官至兵部尚书、吏部尚书、晋太子太保，梁梦熊为太医院吏目，梁梦弼任真定卫指挥，梁梦阳为承德郎宁国府通判。其后世子孙代出高官，显赫一时。梁梦龙之孙梁维基官至户部员外郎，擢升南雄知府；梁维枢任工部郎，擢升武德兵务。其曾孙梁清宽、梁清标、梁清远同为清朝显宦高官。梁氏家族数代为官，门庭显耀，曾于正定城内建有豪宅，城东北中圣板村建有墓园。正定城大十字街南曾建有悬挂“相府”匾额的梁氏豪宅，以及旌表功德的数架石牌坊，今已无存，唯有梁氏宗祠和梁清标藏书处——蕉林书屋保存了下来。

关于梁氏宗祠的始建年代，无确切文字资料可查。据《明史·梁梦龙传》记载，梁梦龙于万历十年（1582）致仕回真定，在孝敬父亲之暇，埋头治家庙，修宗谱，与友结社，不问政事。综上所记并结合建筑特点分析，用以祭祀祖先的梁氏宗祠应建于明代晚期。

梁氏宗祠，坐东朝西，院落南北长28米，东西宽24米。现仅存祠堂大门和正房。

祠堂大门的建筑形式为硬山卷棚顶，设有木板门两扇，门框外置抱鼓石，门上正中悬有匾额“梁氏宗祠”。

正定梁氏宗祠正房（由西向东拍摄）

正定梁氏宗祠正房楹联（由西向东拍摄）

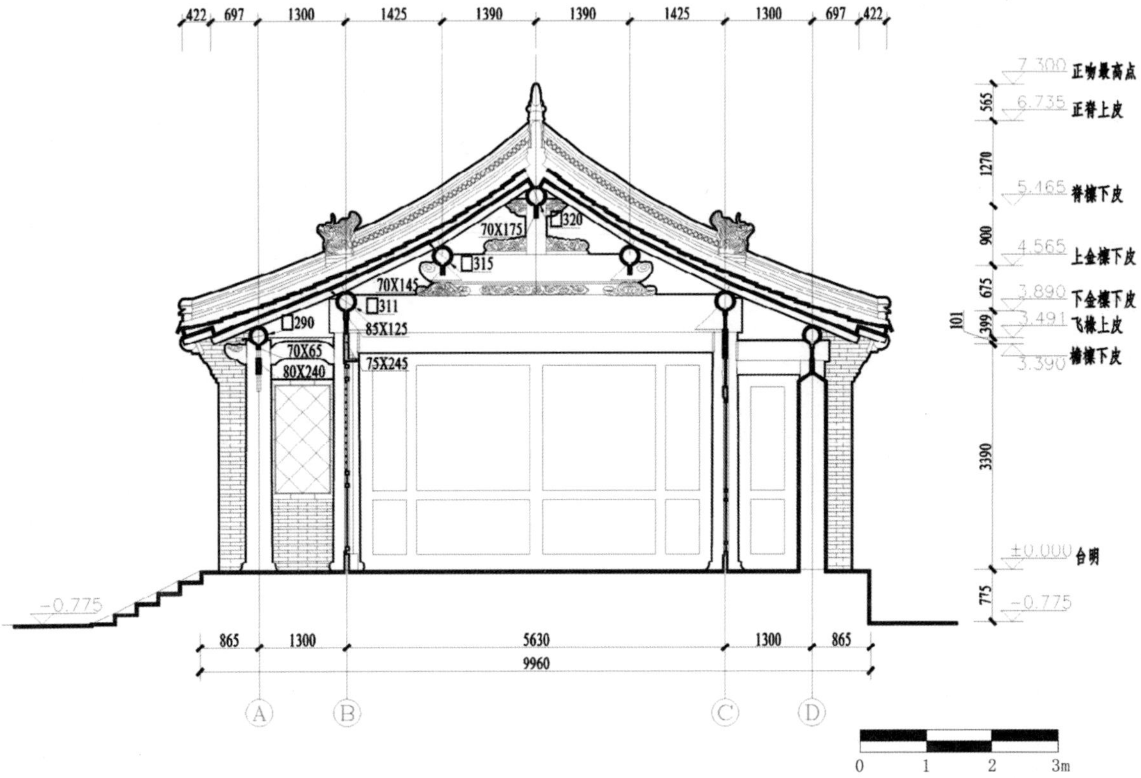

正定梁氏宗祠正房剖面图

祠堂正房为一座单檐硬山布瓦顶建筑。面阔五间，进深三间，正脊为花脊，中间及两侧浮雕类似龙凤之类的纹饰，两侧施望兽，垂脊设垂兽。正面明间设垂带踏跺五步。梁架结构为七檩前后单步梁式。三架梁上置瓜柱，两侧施有角背；五架梁下前后用抱头梁承托廊步；前檐抱头梁前端雕麻叶头。三、五架梁间以荷叶墩来支撑。下金檩下施双层垫板，上层狭长，下层透雕卷草纹。建筑用柱分檐柱和金柱两种，檐柱柱头两侧设雀替，檐枋与垫板间用荷叶墩支撑。前檐金柱间均置装修，为四扇六抹正方格隔扇门。室内地面为方形青石铺墁。

梁清标神道碑立于祠堂前，碑高2.2米，残宽0.85米。该碑北侧置放旌表梁梦龙功德的“青宫太保坊”残断石构件，残长2.4米，高0.32米，厚0.49米。

梁氏宗祠作为具有祭祖功用的建筑保存至今，不仅是研究民俗和梁氏家族的重要实物，也为正定古建筑发展序列增添了不同的建筑类别和文化内涵。2019年，正定梁氏宗祠被国务院公布为第八批全国重点文物保护单位，时代为明。

幽居寺塔全景（由南向北拍摄）

幽居寺塔

Pagoda of Youju Temple

幽居寺塔位于石家庄市灵寿县寨头乡砂子洞村东南。

幽居寺为北齐皇家寺院，是传播学习佛典及宫廷人员修身养性之地。幽居寺塔是寺内重要建筑遗存，始建于北齐，重修于唐代，现存建筑为唐代风格。

幽居寺塔平面呈方形，边长5.2米，高约20米，为七层密檐式砖塔。塔身建于简朴的方形台座上，由正南面拱券门可进入一层塔室，不可登临。门框由整条石材雕琢而成，边框及门楣上满布线刻莲花化生童子、云龙、金翅鸟及忍冬纹饰。塔身自第二层边长和高度逐层递减，外部轮廓也逐渐内缩。每层塔檐为菱角牙子叠涩外出。塔顶为山花蕉叶承托塔刹。塔身残存部分彩绘。塔体外形呈方锥形，显得挺拔稳固、优雅简朴。

除幽居寺塔外，现存有石碑

幽居寺塔南立面

幽居寺塔皇帝圣旨碑碑阳

幽居寺塔皇帝圣旨碑碑阴

幽居寺塔佛造像

四通，石造像二十一尊，石经幢一座，石门楣一座，门枕石两块。除两通元代碑刻位于塔前围墙内，其余在河北博物院和灵寿县博物馆保存。

幽居寺塔建筑时代较早，是研究河北省早期砖塔的重要实物遗存，对研究当时的历史、科学、艺术发展水平具有很高的价值。2001年，幽居寺塔被国务院公布为第五批全国重点文物保护单位，时代为唐。

灵寿石牌坊全景（由北向南拍摄）

灵寿石牌坊

Fu's Stone Memorial Archway at Lingshou

灵寿石牌坊位于石家庄市灵寿县灵寿镇北关村牌楼公园。

灵寿石牌坊建于明崇祯十四年（1641），系为吏部尚书傅永淳祖父母、义祖父母、父母及其自身和妻室敕建的旌表。据清康熙十四年（1675）《灵寿县志稿》记载："三世中枢坊在县北关，为吏部尚书傅永淳立。"傅维橒在父、兄的授意下，广泛收集傅氏家族的姓考、世系、家传、宦迹、封赠、文录、茔志等，编成《傅氏家乘》四卷。据《灵寿县志》记载，灵寿县北关村傅氏系明、清两代河北地区的名门望族，几代名宦，官高禄厚，地位极其显赫，其中傅承问、傅永淳、傅维鳞在傅氏家族历史上的地位最高，对后世影响最大。

灵寿石牌坊，坐北朝南，两面一体，高12米，宽8米，进深2.6米。石牌坊为三间四柱三重檐仿木结构，其基石、抱柱、斜线、枋、斗拱、脊兽等构件之间，均以石凿榫卯相连。方柱柱面匀布流云图案，在四柱两边的夹柱石上雕有大小不同的狮子46个，或立、或卧、或蹲、或伏，栩栩如生。斗拱部分明间六朵，次间三朵，斗昂端严且布局匀称。每层檐两边各有鸱吻一个，最上层脊正中以狮负瓶。两侧次楼上下层均置双翘五踩斗拱三攒。

石牌坊通体用细青石料透雕或半透雕而成，图案有腾云驾雾的苍龙、展翅飞翔的金凤、象征瑞祥的仙鹤、涌动的流云等。三层檐大小额枋精雕各式流云，飘然若动。两面主间上层檐下长方形匾额楷书阳刻"皇恩宠赐"，主间中层横梁题楷书"三世中枢"。匾下为六鹤并排云，再下为随云舞动的双蟒。双侧次间均饰流云图案，第二层横梁刻字有三行，分别为"诰赠通议大夫兵部左侍郎傅承训淑人胡氏、张氏，傅承问淑人康氏、赵氏"，"诰赠通议大夫兵部左侍郎傅铤淑人李氏"，"吏部尚书、前都察院左都御史、兵部左侍郎傅永淳夫人彭氏"。匾下横梁透雕三巨蟒，正中者屈曲盘绕，凝视前方；左右者仅露蟒首，怒目张口。

次间额枋南北两面各有竖形刊记一块，北面刊记西侧刻字有两行，分别为"巡按

灵寿石牌坊横匾

直隶屯马监察御史门生张□”，“巡按直隶监察御史宗邝□”；东侧刻有“大明崇祯拾肆年岁次辛巳吉月吉日建”。南面两块刊记分别为“赐进士第文林郎知灵寿县事曹良植练总李全春”，“敕文林郎知灵寿县事王正儒典史袁运熙”；“大明崇祯拾肆年岁次辛巳吉月吉日建”。

两侧次楼一层檐下各置陡匾一方，上刻有监造官员姓名以及建造年月。

灵寿石牌坊气势恢宏，设计精巧，结构严谨，雕刻精细，堪称我国古代石雕艺术之精品。2013年，灵寿石牌坊被国务院公布为第七批全国重点文物保护单位，时代为明。

灵寿石牌坊南立面

灵寿石牌坊东侧立面

灵寿石牌坊北立面

治平寺石塔（由北向南拍摄）

治平寺石塔

Stone Pagoda of Zhiping Temple

治平寺位于石家庄市赞皇县南清河乡嘉应寺村。

治平寺原名嘉应寺，肇始于隋开皇三年（583）。唐开元至天宝年间，陆续建四座小石塔及大石塔，形成以塔为中心的寺院布局。宋英宗治平二年（1065），嘉应寺改名为治平寺。历代屡有修缮。金大定、明昌年间，对治平寺进行了有记录的首次维修，主要重修了前后殿及廊庑数十间。明天顺八年（1464）至成化十三年（1477），对其再次进行大规模修缮，改建正殿，塑妆佛像，并建天王金刚殿、伽蓝祖师堂等建筑。最后一次有明确记载的修缮为清乾隆五十五年（1790）。现寺内仅存石塔、经幢和碑刻等遗存。

治平寺石塔是一座石砌三层仿木构亭阁式塔，平面呈八边形，总高为11.72米，由塔座、塔身、塔刹三部分组成。

塔基由基台、基座两部分组成，总高2.1米。基台使用四层条石砌筑而成，高0.92米，平面呈抹角八边形。抹角处原为八个力士状埋头角柱，力士均已无存，仅余长方形孔洞。台面条石铺墁，南面设踏跺，现均已无存。基座为须弥座形式，总高1.18米。平面八边形，由圭角、下枋、下枭、束腰、上枭五部分组成。圭角由石构件拼接而成，相邻构件以银锭榫式铁件连接，圭角雕刻简单线条。下枋上下起线，每面中部雕人物造像两尊。下枭为两层石砌。束腰高0.29米，两角和中部雕刻有蜀柱，两蜀柱间雕刻壶门。上枭为两层叠涩檐。

塔身分三层，总高6米。一层由塔身、铺作、檐部构成，总高2.44米。其中塔身高1.33米，铺作高0.41米，檐部高0.7米。塔身为实心，平面呈八边形。立面仿楼阁样式，施有八角形倚柱，柱间施有阑额，柱头略卷杀。四正面辟门，火焰形券饰，槛框、门枕俱全；四斜面雕刻直棂盲窗。塔身上半部浮雕佛教故事，每面内容不同。倚柱上承偷心造七铺作斗拱，一、三跳偷心，正心素枋上隐刻泥道拱和泥道慢拱。檐枋下侧施有替木，素枋和第二杪华拱上平棋枋之间形成平棋天花，平棋枋和檐枋之间为条形天花，天花上遍布墨笔题记。檐部为仿造筒板瓦屋面形式，檐枋上部承檐椽、飞椽。檐椽圆形；飞椽呈长方形，每面施飞椽13根。其上为连檐和筒板瓦屋面，屋面施围脊、戗脊。围、戗脊后半部有简单雕刻起线，戗脊前端施较大的瑞兽，现仅残存有半个，其整体样式已不详；每面石雕筒板瓦11垄，勾头莲瓣式样，滴水盆唇式。

治平寺石塔北立面

治平寺石塔西立面

塔身第二层由平座、塔身、铺作、檐部构成，总高为2.11米，其中平座高为0.33米，塔身高1.03米，铺作高0.27米，檐部高0.48米。自一层屋顶围脊角部出有圆形倚柱，上承偷心造六铺作斗拱，第一跳偷心，正心素枋上隐刻泥道拱和泥道慢拱。檐枋上承托平座，平座八边形，由两块石材拼接而成，银锭榫连接。塔身平面呈八角形，各角部施圆形倚柱，柱间施有阑额。立面形式与一层塔身同，同样是四正面辟壶门，火焰形券饰，槛框、门枕俱全；四斜面雕刻有直棂盲窗。其内侧从门框处起弧形斜面，形成空心塔身，塔身上半部同样为浮雕佛教题材故事。各角倚柱上置栌斗，承偷心造六铺作，第一杪华拱上偷心，正心素枋上隐刻泥道拱，第二杪华拱素枋上隐刻令拱。正心素枋与第二杪素枋间为素平天花，第二杪素枋外为檐椽。檐部仿筒板瓦形式，檐枋承方形檐椽、飞椽，每面施椽12根。其上为连檐和筒板瓦屋面，屋面施围脊和戗脊。围脊和戗脊后半部有简单雕刻起线，戗兽位置雕成方形石墩，上部有圆形卯口；每面石雕筒板瓦10垄，莲瓣式勾头，盆唇式滴水。

塔身第三层由平座、塔身、铺作、檐部构成，总高1.49米，其中平座高0.27米，塔身高0.63米，铺作高0.27米，檐部高0.32米。平座结构与二层平座形制相同，自二层屋顶围脊上出圆形倚柱，上承偷心五铺作，正心素枋上隐刻泥道拱，檐枋上承条形天花和平座，平座平面为八边形。塔身实心，平面八角形，各角部施圆形倚柱。四正面雕刻板门，板门雕刻三路门钉，呈虚掩状；四个斜面雕刻有直棂盲窗。倚柱上置有栌斗，上承有六铺作，第一杪华拱偷心，素枋上隐刻有泥道拱，第二杪华拱出令拱。

上承素枋，第三杪华拱散斗上承双下昂和撩檐枋，角梁位置上雕刻有力士形象。三层屋面升起较明显，檐枋两端较中部升起0.06米，其上随势雕刻有长方形檐椽、飞椽，每面用11根椽。飞椽上为连檐和筒板瓦屋面。围脊和戗脊后半部有简单雕刻起线样式，戗脊前半部雕双层石墩，下层为方形，上层为八边形，其上有圆形卯口；屋面筒板瓦每面七垄，莲瓣式勾头，盆唇式滴水。

治平寺石塔南立面

治平寺石塔东立面

塔刹由刹座、刹身、刹顶组成，总高3.59米，其中刹座高1.34米，刹身高1.76米，刹顶高0.49米。

刹座分三层，总高1.34米。一层主体呈圆鼓状，直径0.91米。二层为须弥座形式，平面八边形，各面雕以瑞兽，共计四狮四象，间隔分布。三层为宝盖，平面八边形，宝盖底面浮雕瑞兽，两瑞兽间布以莲花。宝盖立面为城阙形式，下半部为高大城台，雕刻有“四门出游”；上半部四正面各雕三殿，中间一座为歇山顶建筑，施寻杖栏杆，两侧为悬山建筑。四斜面雕刻四柱五间建筑，柱上施有单拱铺作，角部雕角楼，连接相邻两面，角楼城台雕有力士像。

刹身分五层，总高1.76米。一层为仰莲座形式，直径0.84米，高0.32米，雕刻成两层圆润的莲瓣样式。第二层、四层为八棱柱形，直径分别为0.2米、0.14米，高分别为0.43米、0.25米；第三层、五层呈圆鼓状，各雕三层莲瓣，直径分别为0.76米、0.49米。

刹顶为锥体，四角出棱雕刻火焰珠式，高0.49米。塔身浮雕精美，每层塔身上半部有浮雕，共24组，雕刻有佛、菩萨、力士、供养人等大小造像近百尊。

治平寺石塔整体造型流畅美观，玲珑秀巧，雕刻精致；塔身、塔刹造像体态丰腴，面相圆润，为唐代造像的标准像式，对于研究唐代佛教寺院分布、佛教发展及石刻造像艺术具有重要价值。1996年，治平寺石塔被国务院公布为第四批全国重点文物保护单位，时代为唐。

万寿寺塔林全景（由东向西拍摄）

万寿寺塔林

Pagodas of Wanshou Temple

万寿寺位于石家庄市平山县三汲乡东林山西麓，灵平路北侧平地和北高南低的台地处。

万寿寺占地面积约6万平方米。据寺中现存的元世祖至元二年（1265）“寺门碑”、明万历十年（1582）“林山万寿禅寺重修佛殿记碑”及清咸丰《平山县志》记载，万寿禅寺始建于后唐，因战乱毁，宋元祐二年（1087）重建，后毁。明万历五年（1577）再次重建，后再毁。现存寺院建筑为1997年所建。据“寺门碑”载：“今此林山寺，乃处所也。斯山东瞻神顶，西眺太行，北望清凉，南观滹水，是四圣攒心之地也，乃两郡祈福之场。幽林深邃，桧柏盈坡，古迹多般，都题圣境。西山有千佛洞、百姓堂、仙人棋盘、定心石，东山有望京楼、长老洞、静修庵、龙王池、铁浮屠、佛光石……兼本寺有古来七院——蒲壁庄感应院、冷泉庄永宁院、灵寿县龙泉院、威州龙门院、真定有万岁院、藁城县只度村普和院、

万寿寺塔林1号塔

万寿寺塔林2号塔

万寿寺塔林3号塔

万寿寺塔林4号塔

万寿寺塔林5号塔

万寿寺塔林6号塔

顺德府潜龙院。”从现存碑记依然可窥寺庙当时的组织规模。

万寿寺塔林位于万寿寺西北约50米处的两级阶地上，占地约1.1万平方米，为万寿寺历代高僧的墓塔。现存砖塔十二座、地宫两座、石构件四件、古井一眼。

1至4号墓塔分布在南部沟谷平地，5至12号墓塔分布在北部台地地带，上下分两级阶地。

5号墓塔为单层、单檐仿木结构砖塔，平面呈六边形，边长1.5米，塔座埋于地下，现存塔高6米。塔身前后两面辟券门，前面立一石门，上额刻铭“有（后）唐皇子泽云和尚灵塔”；其余四面浮雕盲窗，分上下两部分，上部雕刻成龟背棂和线纹棂，下部雕刻成直棂。塔身六角施柱，柱上施普拍枋与斗拱，斗拱为单杪四铺作，泥道拱隐刻鸳鸯交首拱。斗拱之上施替木，替木上为撩檐抟、圆椽，其上为布瓦顶，檐部施有裙边滴水和半瓦当，瓦顶上托塔刹。塔刹分刹座、仰莲、宝瓶三部分。刹座六角圆雕六个力士，上托有两层仰莲，刹座六面中部雕刻壸门；两层仰莲上托密雕莲瓣刹柱，最后以宝瓶收刹。

6号墓塔与5号墓塔建筑形制相仿，为单层、单檐仿木结构砖塔，平面呈六边形，边长1米。塔身前面券门，后面隐刻假门，其余四面浮雕盲窗，盲窗雕刻成斜线纹棂，中部雕刻成斜万字状。塔身六角上部为柱头形状，上施普拍枋，普拍枋上托斗拱。斗拱为双杪五铺作，施斜拱，斗拱之上依次为撩檐枋、榑、圆檐椽、滴水、勾头。顶部出瓦垄，上托刹座，刹座为须弥座式，刹座束腰部位各面中部做成佛龛样式，供奉佛像，佛像已失。刹座上部托仰莲，仰莲托刹顶。与5号墓塔相比，塔本身的建筑制作手法有所变化，斗拱中使用的替木变成了通长的撩檐枋，斗拱中增加了斜拱构件，盲窗上的勾头、滴水，翼角升起等都体现了宋代塔制形象。

其余十座砖塔结构相似，皆为单层、单檐仿木结构砖塔，其平面呈六边形，边长1米至1.5米，叠涩砖砌顶上建有山花蕉叶顶。其中以10号墓塔最为精美，塔座、塔体均有繁丽的图案。两层塔座，第一层下檐浮雕一圈莲瓣纹，六角装饰柱状花卉浮雕，六面龛内雕刻卷草花卉。第二层六角柱上下端均雕刻有莲瓣，六面各辟两个花卉装饰的壸门，其内分别雕出牡丹、菊花、马、鹿等图案，个别部位雕刻采取了单独制作而后镶嵌、拼接的制作手法。塔身前后两面均砌筑有方形门，前门雕刻成双扇四抹隔扇门，心屉雕刻成龟背梅花棂；侧面雕刻盲窗，窗棂雕刻成菊花棂和万字棂。塔身六角上部雕刻有成柱形状，上施有普拍枋，普拍枋上托有斗拱。斗拱为双杪五铺作，斗拱

万寿寺塔林7号塔

万寿寺塔林8号塔

万寿寺塔林9号塔

万寿寺塔林10号塔

万寿寺塔林11号塔

万寿寺塔林12号塔

之上为砖拔檐。六角弧线收顶，刹顶冠以六瓣仰莲。

两座地宫分别位于5号墓塔东部和11号墓塔正北方3米处，皆砖砌仿木斗拱、券门、穹窿顶、圆形宫室，周边彩绘如意云纹。

万寿寺塔林为万寿禅寺历代高僧的墓塔，历经后唐至清代，墓塔形制体现了各个时代的建筑特点，为研究各时期墓塔的建筑结构提供了重要的依据，也是目前河北省保存较好、较完整的墓塔群。2006年，万寿寺塔林被国务院公布为第六批全国重点文物保护单位，时代为五代至清。

开化寺塔全景（由东向西拍摄）

开化寺塔
Pagoda of Kaihua Temple

开化寺塔位于石家庄市元氏县旧城内西南隅，为原开化寺的重要建筑遗存。

开化寺历史悠久，初建于北魏时期。自元氏县治于隋开皇六年（586）迁徙今城后，开化寺开始兴盛。金代始建开化寺塔，明成化三年（1467）重修。现存塔为明代重修实物，塔基西北侧条石上尚存有明刻“大明国直隶真定府元氏县开化寺修竣……”字样。

开化寺塔由塔基、塔座、塔身和塔刹组成，为八角九层密檐式实心砖塔，通高25.2米。

塔基平面呈八角形，由长方形条石砌筑，高1.2米。上部塔座为砖砌八角须弥座形式，高6.5米，自上而下由仰莲座、栏板、斗拱等砖雕装饰和下层两组花卉图案组合而成。

塔身第一层最高，高度为3.6米。八角砖雕成圆柱，东、西、南、北四面各雕一四抹双交四椀菱花心屉拱券式假门，各斜面交叉施砖雕“卍”字盲窗和毛毯纹盲窗。塔身自上而下第九层至第二层相同，各高1.3米，逐层向下塔身外

开化寺塔一层假门（由北向南拍摄）

开化寺塔东北立面

开化寺塔东立面

扩。砖檐下侧托有砖雕斗拱，每层八面雕有花卉图案。各层檐均为仿木结构的单杪四铺作斗拱，每层除转角铺作外，每面中间设补间铺作一朵承托出檐，每层共有铺作十六朵。各层出檐之间均镶嵌有雕字砖，其上刻有施主、功德主姓名，塔檐为叠涩檐。

塔刹由上下两部分组成，高1.9米。两层砖雕仰莲上托圆形刹顶。

开化寺塔造型优美，砖雕精细，是研究我国砖塔的重要实物资料。2013年，开化寺塔被国务院公布为第七批全国重点文物保护单位，时代为金至明。

开化寺塔东南立面

安济桥（由东南向西北拍摄）

安济桥

Anji (Zhaozhou) Bridge

安济桥，又名赵州桥，俗称“大石桥”，位于石家庄市赵县赵州镇大石桥村，南北横跨于洨河之上。

安济桥建于隋开皇十一年至十九年（591—599）间，由工匠李春设计建造，后由宋哲宗赵煦赐名安济桥，并以之为正名。自唐代起共有七次修缮，第一次是在唐贞元八年（792），第二次是在北宋治平三年（1066），第三次至第五次是在明嘉靖四十一至四十二年（1562—1563），第六次是在清道光元年（1821）。第七次是在1953年至1958年，主要修缮了东侧五道拱券，四个小拱，桥面和栏板望柱。

安济桥为大跨度单孔敞肩石拱桥，桥身全部用青石砌成，全长64.4米，高8.65米，宽9米，跨度37.02米，拱矢7.23米。安济桥主拱由二十八道拱券并列砌筑，拱石厚1.03米。主拱之上两端各设两个小拱。靠近拱脚处的两个小拱净跨为3.81米，近桥中央两个小拱净跨为2.85米，四个敞肩拱亦均由二十八道拱券并列组成，拱券石厚0.65米，小拱之上护拱石厚0.16米。相邻的拱石之间均嵌有双银锭形腰铁联结。主拱背和四个小拱背共横穿有九根带圆帽头的铁拉杆。桥外侧用六块钩联石拉紧。主拱外侧与拱圈平行分布三条凸线，四小拱稍作收

安济桥栏板（由东南向西北拍摄）

安济桥西立面

安济桥东立面

回，各起线两条，在主拱顶部浮雕龙头（吸水兽）。桥顶两侧各置一道桥檐石，出檐0.38米，上面和外侧浮雕八瓣莲花图案。

桥面两侧各设栏板二十一块，望柱二十二根，均两面浮雕图案。两侧中部栏板，皆高浮雕，居中为饕餮，其余为各式蛟龙图案，配以六根蟠龙竹节望柱。两侧南北为斗子卷叶图案栏板，亦为浮雕手法。地栿石与寻杖间设盆唇一道。卷叶数不等，配以竹节宝珠望柱十六根。

安济桥为“低拱脚、浅基础、短桥台”，承托主拱的桥台由五层石块垒砌，呈矩形，各层石块厚度不一，自下而上递薄，总厚度为1.57米，南北长约5米，桥台直接砌置在天然亚黏土地层上。

敞肩拱为赵州桥首创，此设计减少了建筑用料，减轻了桥体自重，减弱了水流对桥梁的冲击，增强了泄洪能力，大大增强了桥体的牢固度。桥面两侧栏板和望柱雕刻极为精美，尤其栏板雕刻的斗子卷叶和行龙，比例适度，线条流畅。尽管是半圆雕，但其艺术效果胜似透雕，是隋代石雕之精品。

安济桥是目前世界上现存年代久远、跨度最大、保存最完整的单孔敞肩石拱桥，具有较高的科学研究价值，在中国造桥史乃至世界桥梁史上占有极其重要的地位，对桥梁建筑发展有着深远的影响。1961年，安济桥被国务院公布为第一批全国重点文物保护单位，时代为隋。

安济桥《人物生活图》栏板

安济桥《布施图》栏板

安济桥《龙凤图》栏板

安济桥《二龙戏珠图》栏板

赵州陀罗尼经幢（由南向北拍摄）

赵州陀罗尼经幢

Dharani Sutra Pillar at Zhaozhou

赵州陀罗尼经幢位于石家庄市赵县县城内石塔路与石桥大街交会的十字路中央。

赵州陀罗尼经幢建于北宋仁宗景祐五年（1038）。据清代陆增祥《八琼室金石补正》记载，该经幢由礼宾副使、知赵州王德成督办，都料匠孙普全，赵州人何兴、李玉等人建造。另据清光绪二十三年（1897）《赵州志》的记载，以及1984年在其附近出土的石佛像、石佛座等文物证实，这里原为唐开元寺遗址，陀罗尼经幢为原开元寺重要的建筑遗存。

赵州陀罗尼经幢是国内现存最高大的一座石经幢，通高16.22米，占地面积为57.15平方米。经幢坐北朝南，由基座、幢体和幢顶三部分组成，为八棱多层形式，共七级，每节用独块巨石雕琢砌筑。幢身下为须弥座，幢身共分为六节，各节之间置幢檐等雕饰物，自下而上逐级递减，顶部安装宝珠形幢刹。

幢基为平面正方形叠涩束腰式，幢底基石边长7.56米，高1.9米。基石上为垂莲瓣地栿。台基上面边长6.1米，台基四周刻有莲花圆柱、佛像、板门、花卉和人物形象；束腰外部还有汉白玉莲花石柱支撑上面二层叠涩。台基四面各刻有四个板门，门旁各浮雕有两个双目圆睁、身披绸带、手持法器的金刚力士。束腰部分东、西、南三面刻有妇女掩门图案，人物姿态优美，形象逼真。

台基上是八角形叠涩束腰式须弥座，分为两层，第一层束腰部八个角上各雕有一根莲花圆柱，将束腰部分分为八个长方格，每一格内雕有三尊坐莲菩萨；第二层束腰部分各面以石雕圆柱分为三间，八面共二十四间，其中雕有仿木单檐布瓦房顶，形似庙宇殿堂，每间殿堂内均刻有数量不等的佛像，北面几个殿堂内刻有仙山、宝塔、长廊等。第二层须弥座上面刻蟠龙，蟠龙上面峭立八座须弥山峰，托着第一节幢身。须弥山山峰险峻，峰峦中雕有庙宇、宝塔、浮云、树木、禽兽、善男信女等。

第一节幢身的正面（南面）篆刻有“奉为大地水陆苍生敬造佛顶尊胜陀罗尼幢”。其他七面刻楷书《陀罗尼经》序、题名、祝词。第二节幢身正南面刻有“佛说

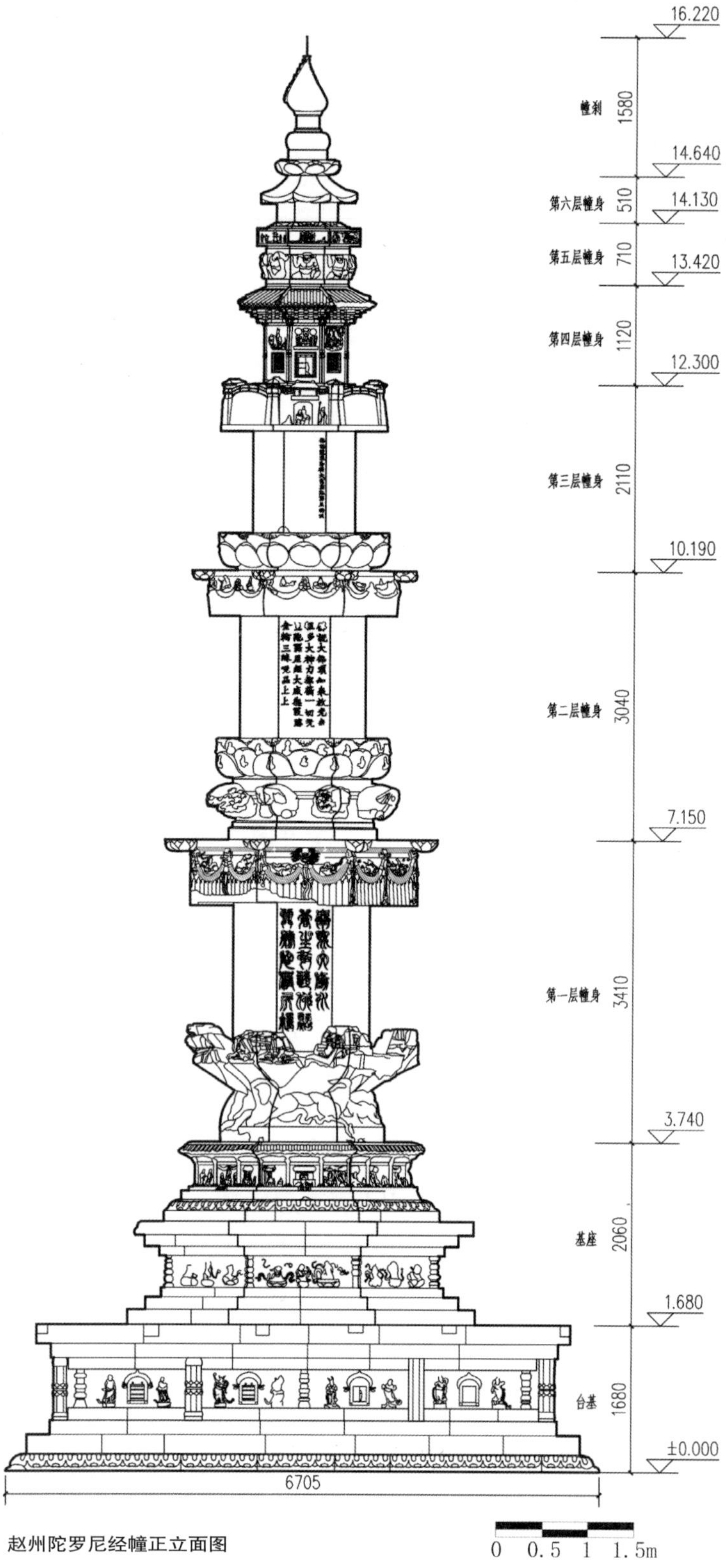

赵州陀罗尼经幢正立面图

大佛顶如来放光悉怛多大神力都摄一切咒王陀罗尼经大威德最胜金轮三昧咒品上上”，其他各面刻楷书经文。第三节幢身正面右侧首刻“佛说随求即得大自在陀罗尼神咒”，其他各面刻楷书经文。第四节幢身的八角刻石柱，分别雕有门窗，门窗之上均雕刻佛教人物故事图案，例如送子观音、飞天等。第五节幢身的八个面各雕一个大金刚力士，形象威武，以各种姿势撑住上边的幢檐。第六节幢身上刻有“隆庆五年辛未九月”字样，是明代重修之记。

幢体各节之间，置幢檐和装饰物。第一节与第二节之间分为三段。第一段为幢檐亦为华盖，平面为八角形，八个外面雕刻龙首、璎珞垂幔，垂幔上刻有两个骑禽兽、驾祥云的仙人，其出檐底面刻八幅飞天和八朵团莲，华盖八个角上伸出八朵莲花。第二段在华盖之上的八个角相间雕琢四象、四狻猊，悬空伸向八方。第三段在动物头像之上为宝相仰莲座，每个莲瓣上刻一尊小像。第二节与第三节幢身之间分为两段，下段为华盖，上为仰莲座，其形制内容与第一节上面的华盖仰莲座基本相同，只是仰莲瓣上无佛像且规制较小。第三节与第四节幢身之间为一层幢檐，雕一座八角城。东、西、南、北面雕城门。城

赵州陀罗尼经幢一层幢身（由南向北拍摄）

楼为单檐建筑，四座城门前刻“太子游四门”图案。其出檐底面雕饰八幅人物、团莲。第四节幢身上面雕刻仿木结构斗拱单檐建筑。第五节幢身上面为八角形幢檐，其八个外面雕刻八幅释迦牟尼悟道成佛系列图案，有释迦牟尼讲法图、涅槃图、入棺图、焚棺图、灵魂飞升图、迎魂图、拜塔图、成佛图。第六节幢身上面为一层八角亭，其出檐底面刻有如意云纹，八角亭上为仰莲花盆、刹座，座上安置桃形铜质火焰宝珠幢刹。

赵州陀罗尼经幢结构科学合理，建筑稳定，图案雕刻精美，千年间经受了无数次地震仍得以保存，是中国建筑与雕刻艺术相结合的优秀典范。1961年，赵州陀罗尼经幢被国务院公布为第一批全国重点文物保护单位，时代为北宋。

永通桥（由北向南拍摄）

永通桥

Yongtong Bridge

永通桥，又名“小石桥”，位于石家庄市赵县县城西门外西关村永通西路公园内，东西横跨清水河。

关于永通桥确切的建造年代，以金明昌年间（1190—1195）的说法最为普遍，其依据主要出自元代葛逻禄迺贤所著的《河朔访古记》，后人纷纷采纳。清代成书的《畿辅通志》沿袭此说。然而根据1986年发掘出土的栏板、望柱、碑刻等二百余件文物证实，永通桥初建于唐代宗永泰元年（765）。自建造以来，于金明昌年间（1190—1195）、明正德二年（1507）、明万历二十六年（1598）、明崇祯六年（1633）、清嘉庆四年（1799）、20世纪80年代均有修缮。

永通桥为单孔敞肩石桥，全长34.53米，桥面宽6.63米，拱脚宽6.95米，桥高6.29米。主拱跨度为23.48米，净矢高5.14米。主拱两端大敞肩拱跨度各2.79米，近桥中央的两小敞肩拱跨度各1.8米。

永通桥主拱由二十道拱券并列砌筑而成，拱券石厚0.65米，内券石厚0.75米，护拱石外侧0.25米向外伸出，四个小敞肩拱券也均由二十道单券并列砌成，大腹拱石厚0.45米，小腹拱石厚0.35米，护拱石厚0.17米，向外伸出0.08米。桥面石厚0.25米，两侧设帽石出檐，桥面呈蜂腰状，跨中最窄，两端拓宽，桥面坡度基本上为直线变形，唯在拱顶处顺势削角；引道部分纵坡为1%，呈燕尾状张开。永通桥主拱设上下两道凸线，主拱和四个小拱的护拱石皆向外伸出，主拱护拱石伸出0.15米，小拱护拱石伸出0.08米，丰富了桥体外观的线

永通桥北立面

永通桥南立面

条层次。

永通桥的基础为浅型扩大基础，西桥台基础由四层石料砌筑而成，有两个襟边，基础总厚度为1.58米。东桥台基础由三层石料砌成，有两个襟边，总厚度为1.06米，基础横向宽度大于主拱券拱脚处的宽度，为防止拱脚向外倾斜，在拱脚石两侧安放了勾头石。

主拱和四个小拱拱顶正中的券脸上，均高浮雕吸水兽，寄托着免受水害的愿望；小拱券吸水兽的两侧雕刻游鱼，寓意连年有余；两小拱之间的拱券石上，高浮雕河神头像，形象有老者、有青年，均眼睛突出，表示尽职守护石桥。桥体南面两个腹拱墩上雕饰麒麟，桥体北面的腹拱墩上雕饰飞马，石雕风格古朴，应为早期遗存。桥台的侧墙上均有浮雕，东南侧墙上浮雕飞天，西北侧墙上浮雕金刚力士，其余两角侧墙上的雕饰残缺严重。桥下出土的石刻上有“入道姑大娘姑□敬造此桥”字样，据此推断这些石雕应为唐代初建石桥时的原物。

桥上栏板坐在两端垫石上，中间悬空，两侧共置栏板三十块，望柱共三十二根，置抱鼓石四块。桥面栏板有雕饰图案的共二十二块，分为两大类，一类是盆唇以上中饰驼峰托斗，两端刻斗子蜀柱，往里又刻力士上承寻杖，驼峰与力士之间镂空；盆唇

永通桥栏板（由南向北拍摄）

以下为通长华板，上面浮雕人物故事或鸟兽花卉等图案。这一类栏板共十二块。在这类栏板中还有一部分是以荷叶墩代替斗子驼峰的，其两端同样用蜀柱托斗，但不雕力士，镂空处作龙口形状。这种栏板中有八块刻有“正德二年”题记，为明代修缮时更换，修缮时保留了采用驼峰托斗、蜀柱、力士承托寻杖等宋代以前的做法。另一类栏板外面素平，内侧有浮雕，盆唇以上部分的中间和两端刻荷叶承托寻杖，华板分左右两格雕刻花草或禽兽。此类栏板共十块，为清代所制。桥东西两头各四块栏板，盆唇上也刻驼峰，两侧镂空，上托寻杖，下部华板素面。桥上三十二根望柱，按照形制特点分为三种，一种为狮子望柱，一种为宝珠望柱，还有一种为莲花盆望柱。

永通桥造型优美，雕刻精细，是河北省现存古代石桥的重要实物遗存之一。1961年，永通桥被国务院公布为第一批全国重点文物保护单位，时代为金。

柏林寺塔（由南向北拍摄）

柏林寺塔

Pagoda of Bailin Temple

柏林寺塔位于石家庄市赵县县城柏林禅寺院内，西临柏林大街，南邻石塔东路。柏林寺塔为纪念唐代高僧从谂真际禅师而建，故又称真际禅师塔。

柏林寺兴盛于唐，是北方著名的佛教圣地，被誉为“古佛道场”“畿内名刹”。清代以前，寺内殿宇巍峨，碑碣林立，古柏参天。据清光绪本《赵州志》和寺内碑文记载，柏林寺的南北中轴线上坐落有摩尼殿、毗卢殿、大慈殿等建筑，真际禅师塔、舍利塔、僧舍、禅堂等建筑分列两翼。

柏林寺现布局以山门为中轴线南端，自南而北坐落普光明殿、观音殿、禅堂。普光明殿东南为钟鼓楼，西南为柏林寺塔。普光明殿后，竖立着柏林寺保存下来的古碑刻，其中有“大金沃州柏林禅院三千邑众碑”。禅堂两翼东为开山楼，西为怀云楼，皆为两层楼式建筑。

柏林寺塔，又称真际禅师塔，始建于元天历三年（1330），为砖木结构的八角七级密檐式塔，高39.5米。

柏林寺塔台基为正方形，分为上下两层。上层为砖砌，每边长11.7米，高1.15米；下层用条石砌筑，每边长17米，高2米。

台基中央为八角形束腰式须弥塔座，边长3.1米。须弥座分为两层，下层每边砖雕三个壸门，内雕蛟龙、驰鹿、立象、牡丹等图案。上层每边砖雕为三个格，中间为长方格，内镶砖雕图案以人物和佛教故事为主；两侧为正方形格，内镶金刚力士或伎乐砖雕图案。须弥座上部为砖雕斗拱，柱头铺作、补间铺作各一朵，均为双杪五铺作。斗拱托檐上是砖雕围栏，围栏上雕有格子和花卉。八角围栏以上是仰莲座，承托第一层塔身。

第一层塔身最高，八个角为砖雕圆柱，柱头饰砖雕斗拱托塔檐，檐椽和飞檐均为木质。塔身东、南、西、北四个面均雕格子门，裙板上雕刻龙凤。其他四个面均雕格子窗。正南面门上镶嵌方石一块，阴刻楷书“特赐大元赵州古佛真际光祖国师之

柏林寺塔南立面

柏林寺塔东立面

柏林寺塔北立面

塔”，在方石的左边刻有“天历三年孟夏上旬吉日建”字样。

第二层至第七层的砖雕斗拱结构与第一层相同，除以斗拱承托塔檐外均无其他雕饰。与第一层不同的是檐椽和飞檐不是木质而是改为砖雕，唯八个角梁为木质。每层塔檐的八个角梁外伸部分均做成兽头状，下衔两个铁风铎。角梁上有罗汉像一尊。第二层塔身的正南面有一砖砌的简陋佛龛，曾供真际禅师铜像。

柏林寺塔西立面

柏林寺塔东南立面

柏林寺塔东北立面

塔刹为生铁铸造，高2.33米，由覆钵、仰莲、七层相轮、三层宝珠组成。1966年3月8日邢台地震时，铁塔刹被震落摔碎，同时掉落下的还有《金刚般若波罗蜜经》经书残片。

柏林寺塔砖雕技艺高超，仿木斗拱、飞檐古朴庄重，具有很高的艺术审美价值。2006年，柏林寺塔被国务院公布为第六批全国重点文物保护单位，时代为元。

遇见：河北古建筑

ACQUAINTANCE
Ancient Architecture of Hebei Province

唐山市

天宫寺塔全景（由西南向东北拍摄）

天宫寺塔

Pagoda of Tiangong Temple

天宫寺塔位于唐山市丰润区天宫寺塔公园内。

天宫寺始建于辽清宁元年（1055），系盐监张日成所建，始称南塔院，辽清宁八年（1062）建“浮屠一十三级”。辽寿昌三年（1097），皇帝赐“极乐”匾额，改称极乐院。辽乾统五年（1105），改为天宫寺。金天会五年（1127）八月，朝廷又为天宫寺敕加“大”字，称为大天宫寺，以示旌表。据碑刻记载，天宫寺在明嘉靖九年（1530），清顺治十七年（1660）、康熙十六年（1677）、康熙二十三年（1684）、康熙三十三年（1694）、道光二十年（1840）、光绪二十九年（1903）均有过大规模维修。民国时期，天宫寺建筑尽毁，天

天宫寺塔一层塔身

天宫寺塔南立面

天宫寺塔西立面

天宫寺塔北立面

天宫寺塔东立面

宫寺塔为该寺的重要实物遗存。

天宫寺塔为平面八角形十三层叠涩檐实心塔，由塔基、塔身、塔刹三部分组成。

塔基为须弥座式，束腰部分每面砌有壶门两个，束腰上部为平座斗拱承托着几何、花草图案的栏杆、栏板，最上面是三层砖雕仰莲包围着一层塔身。一层塔身最高大，东、南、西、北四面设有假门，其余四面平素。八个转角处为砖雕盘龙倚柱，普拍枋之上为五铺作砖雕斗拱，转角的斜拱与应县木塔转角斗拱相似。檐头上部用砖叠涩收成塔檐，以上各层塔檐全部用砖叠涩而成。塔刹宝顶为葫芦状。

1987年修缮该塔时，在塔中发现一大批珍贵文物，其中一级文物12件。《佛说阿弥陀经》《陀罗尼经》《佛说大乘无量寿经》《梵本诸经咒》《金光明最胜王经》《大乘本生心地观经》《大方广佛华严经》《诸佛菩萨名集》《妙法莲华经》《金刚般若波罗蜜经》等经书为辽代重熙、清宁、咸雍年间刻本。此外，还有石雕文殊骑狮造像、普贤骑象造像及陶器、瓷器等，这些文物对研究辽代的佛教历史具有重要价值。

天宫寺塔辽代风格明显，出土文物众多，对研究中国古代佛塔及辽代历史具有重要意义。2006年，天宫寺塔被国务院公布为第六批全国重点文物保护单位，时代为辽。

净觉寺

Jingjue Temple

净觉寺位于唐山市玉田县杨家套乡蛮子营村东。

净觉寺始建于唐代，重修于清代，素有“京东第一寺”之称。清雍正元年（1723）、雍正十年（1732）、雍正十一年（1733）、乾隆五年（1740）、乾隆十一年（1746）、嘉庆九年（1804）、嘉庆十四年（1809）、道光三十年（1850）、咸丰三年（1853）、同治年间（1862—1874）、光绪年间（1875—1908）均有修缮。

净觉寺坐北朝南，南北长152米，东西长125米，占地面积18450平方米。中轴线上由南向北依次为门殿、碑楼、正殿、后殿。门殿两侧为门房，门殿后为碑楼，碑楼后两侧为钟、鼓二楼。在正殿两侧为配殿，配殿与正殿连接处为龙凤门楼。智然墓碑亭位于西院北部。

门殿高约12米，面阔11.1米，进深8.2米，建筑面积约91平方米，为单檐歇山琉璃瓦顶，砖石拱券结构。

净觉寺门殿（由南向北拍摄）

净觉寺碑楼（由东南向西北拍摄）

知
致

净觉寺全景（由东南向西北拍摄）

碑楼高约13.5米，东西长约11.1米，南北宽约4.8米，为重檐歇山式建筑。

在配殿与正殿连接处，东西两侧各有一座小巧玲珑的门楼，东为龙门，西为凤门。两座门楼的奇妙之处在于，从北看，见木不见石；从南看，见石不见木。

正殿为香阜宫，面阔三间，进深两间，五架梁，重檐歇山琉璃瓦顶，正脊中央置一座琉璃象驮宝塔。正殿四壁遍布雕塑和彩绘，殿内塑有十八罗汉及佛祖释迦牟尼、天王、韦驮、观音等造像。正殿前出抱厦，抱厦由八根石柱支撑。四周立有高约1米石雕栏板。两角柱前分置方石砌成的立形饰柱，柱头各蹲卧一石狮。

后殿为重檐歇山琉璃瓦顶，六架梁，前出廊。前廊石柱雕刻着形态逼真的盘龙。

净觉寺钟楼（由西南向东北拍摄）

净觉寺鼓楼（由东北向西南拍摄）

净觉寺铁钟

净觉寺香阜宫（由西南向东北拍摄）

净觉寺大雄宝殿（由东南向西北拍摄）

净觉寺规模宏伟，建筑结构新奇，各种各样的彩绘雕刻让人目不暇接。从材料上分有石雕、砖雕、木雕；从式样分有浮雕、透雕、圆雕。檩柱的外表、殿堂的四壁、门窗的裙板、斗拱的端首，均有彩绘精雕，无一遗漏。

净觉寺砖、石、木雕技艺精湛，具有较高的历史、艺术、科学价值。2006年，净觉寺被国务院公布为第六批全国重点文物保护单位，时代为清。

清东陵裕陵全景（由东南向西北拍摄）

清东陵
Eastern Tombs of Qing Dynasty

清东陵位于唐山遵化市西北。

清东陵于清顺治十八年（1661）开始修建，历时247年。陵区南北长125千米，东西宽20千米，建有15座陵寝，埋葬5位皇帝（顺治、康熙、乾隆、咸丰、同治）、15位皇后、136位妃嫔、3位阿哥、2位公主。

自顺治帝孝陵在昌瑞山下落成以后，清代皇帝陵的规制就已基本形成，其布局分为神路区、宫殿区

清东陵孝陵七孔拱桥

清东陵景陵石牌坊

清东陵定陵石牌坊

清东陵孝陵方城明楼

和神厨库区。孝陵的神路区建筑配置最为丰富，自南至北依次为石牌坊、大红门、具服殿、神功圣德碑亭、石像生、龙凤门、一孔桥、七孔桥、五孔桥、三路三孔桥及平桥。宫殿区按照“前朝后寝”的格局营建，自南至北依次为神道碑亭、东西朝房、隆恩门、东西燎炉、东西配殿、隆恩殿、陵寝门、二柱门、石五供、方城、明楼、宝城、宝顶，宝顶下为地宫。神厨库区位于宫殿区前东侧，坐东朝西，建筑主要有神厨（做祭品的厨房）、南北神库（储存物品的库房）、省牲亭（宰杀牛羊的场所），神厨库围墙外建井亭。在建筑形制方面，大红门为单檐庑殿顶建筑；神功圣德碑亭、神道碑亭、隆恩殿、明楼和省牲亭为重檐歇山顶建筑；具服殿、隆恩门、配殿、燎炉为单檐歇山顶建筑；朝房为单檐硬山顶建筑；神厨、神库为单檐悬山顶建筑；陵寝门为琉璃花

清东陵裕陵方城明楼

清东陵定陵隆恩殿（由北向南拍摄）

清东陵定陵隆恩殿（由西南向东北拍摄）

门；井亭为盝顶建筑；班房为单檐卷棚顶建筑。

清东陵蕴含着丰富的历史信息，不但是研究清代陵寝规制、丧葬制度、祭祀礼仪、建筑技术与工艺的不可多得的实物资料，而且是研究清代政治、经济、军事、文化、科学、艺术的典型例证。1961年，清东陵被国务院公布为第一批全国重点文物保护单位，时代为清。2000年11月，清东陵作为明清皇帝陵寝的组成部分，被联合国教科文组织列入《世界遗产名录》。

天下第一關

遇见：河北古建筑

ACQUAINTANCE
Ancient Architecture of Hebei Province

秦皇岛市

山海关关城

山海关

Shanhai Pass of the Great Wall

长城，作为中华民族的精神象征，自春秋战国至明末，历经两千多年的持续营造，现为世界上体量最大、分布最广的具有线性特征的军事防御体系遗产，是人类历史上宏伟壮丽的建筑奇迹和无与伦比的历史文化景观。1987年12月，被联合国教科文组织世界遗产委员会认定符合世界遗产的第1条、第2条、第3条、第4条和第6条标准，具有突出普遍价值，山海关作为长城的组成部分，被批准列入《世界遗产名录》。

山海关位于秦皇岛市山海关区，是河北省明长城东端的一座关隘，依燕山，傍渤海，形势险要，有“天下第一关”之称。

关城城楼

迎恩楼

靖边楼

宁海城

牧营楼

老龙头

靖边楼

山海关长城由老龙头、宁海城、南翼城、威远城、东罗城、关城、北翼城、角山关、三道关等构成，是明朝京师——北京的重要屏障，发挥过重要的军事防御功能。1961年，万里长城——山海关被国务院公布为第一批全国重点文物保护单位，时代为明。

源影寺塔全景（由北向南拍摄）

源影寺塔

Pagoda of Yuanying Temple

源影寺塔位于秦皇岛市昌黎县城西北隅古塔寺街昌黎县文物研究保护管理所院内。

源影寺塔建于金代，明清两代有过多次修缮。

源影寺塔为八角十三层密檐实心佛塔，占地90平方米，高约36米。砖木结构，各层椽飞和角梁为木质，其余均为青砖砌筑、雕刻仿木结构。该塔由塔基、塔身、塔刹三部分构成。

塔基上建有须弥基座，其上端为五铺作斗拱承托平座。平座上为栏板、勾栏、望柱，栏板上雕刻几何图案花纹。平座置两层仰莲，以托塔身。

塔身的第一层较高，周围砖雕重层的天宫楼阁。楼阁八面均设有假门，东、西、南、北假门上各饰有四排门钉和一对门簪，其余四门为直棂三抹头隔扇。第一层以上直至十三层檐下均施斗拱。角梁下均悬挂铁质风铎。

塔刹由砖砌刹座、覆钵、相轮、圆光、仰月、宝珠等构成。刹座上砖雕两层山花蕉叶，其上的两层仰莲承托球形

源影寺塔一层门窗（由北向南拍摄）

源影寺塔北立面

源影寺塔东立面

源影寺塔南立面

源影寺塔西立面

覆钵，矗立覆钵顶端的刹杆串联相轮、宝盖、圆光、仰月及宝珠。

源影寺塔从设计造型到建筑技巧、雕刻艺术都显示了较高的工艺水平，特别是第一层塔身的天宫楼阁造型，为河北省内现存诸塔中所独有。2001年，源影寺塔被国务院公布为第五批全国重点文物保护单位，时代为金。

遇见：河北古建筑

ACQUAINTANCE
Ancient Architecture of Hebei Province

邯郸市

黄粱梦吕仙祠全景（由西南向东北拍摄）

黄粱梦吕仙祠

Lyuxian Daoist Temple at Huangliangmeng

黄粱梦吕仙祠位于邯郸市丛台区黄粱梦镇黄粱梦村东南端。

据历史文献和历代维修碑文记载，黄粱梦吕仙祠始建于唐末至宋初，以唐代沈既济所撰传奇小说《枕中记》为据所建，具体年月不详。金、元时期，元好问、赵秉文、陈孚等曾在黄粱梦卢生庙、吕翁祠留有题壁诗句。明嘉靖二十八年（1549）秋，道士国师陶仲文路经邯郸，见吕翁祠殿宇倾圮、规模狭隘，遂主持重建，太常寺寺丞龚佩监修，历三月竣工。次年八月，陶仲文报请朝廷赐额。皇帝亲书“风雷隆——仙宫”，

黄粱梦吕仙祠山门外照壁（由西向东拍摄）

黄粱梦吕仙祠丹房（由南向北拍摄）

黄粱梦吕仙祠八仙阁（由西向东拍摄）

命工部制匾，差礼部卿徐阶至邯郸行安谢礼。后因边境战事紧张，徐未成行。明嘉靖三十三年（1554），陶仲文自携御匾至邯郸行安谢礼。因修复的祠门门楣低隘，不能挂匾，又于祠门南重建一门（今丹门，又称丹房）以承匾。复在新旧祠门之间凿莲池，建栈桥、八卦亭，至此奠定了黄粱梦吕仙祠建筑格局。

黄粱梦吕仙祠在清代多次重修扩建。清康熙七年（1668），直隶、河南、山东三省总督白秉真捐金重修吕仙祠，始建面西大门、八仙阁。乾隆十五年（1750），皇帝南巡，往返均驻跸吕仙祠。乾隆五十一年（1786），河南巡抚毕沅捐金修三大殿、栈桥、桥亭。嘉庆十六年（1811）秋，两江总督张百龄捐金修缮吕仙祠。咸丰七年（1857），邯郸县知县卢运昌以捐廉倡导，劝捐三千余串钱修缮吕仙祠。光绪二年（1876），邯郸县知县周锡璋及同城文武并广大寅僚捐助，修缮吕仙祠并油饰彩绘。光绪二十七年（1901）秋，慈禧太后与光绪皇帝自西安启程回銮，邯郸县知县奉命在吕仙祠左右建行宫。

黄粱梦吕仙祠坐北朝南，占地1.4万平方米，建筑面积6000余平方米。由镶嵌石刻“蓬莱仙境”照壁、丹房、八卦亭、午

黄粱梦吕仙祠八角亭（由南向北拍摄）

黄粱梦吕仙祠后院西行宫一进院接官厅（由北向南拍摄）

黄粱梦吕仙祠后院东行宫宫门（由南向北拍摄）

黄粱梦吕仙祠后院西行宫宫门（由东南向西北拍摄）

黄粱梦吕仙祠后院吕祖殿（由南向北拍摄）

朝门、钟鼓楼、钟离殿、吕祖殿、卢生殿等构成典型的宫观平面布局。祠之西有紫山，故祠门向西以接纳仙气，寓意“紫气西来”。全祠由前院、中院、后院、东院四部分组成。

黄粱梦吕仙祠后院卢生祠（由南向北拍摄）

前院面积962.5平方米。祠门与八仙阁东西相对，相距55米。嵌明代刻石的照壁与丹门相对，相距17.5米。此院为接待和附属祭祀区。

中院面积2709平方米。西围墙与东墙（有月门通东院）相距64.5米。丹门与午朝门南北相距42米。两门由贯穿莲池的栈桥连接。栈桥中央基座上建有八角亭。莲池面积1595平方米，呈长方形。池南丹门两侧建有临池长廊。此院为赏景、休息区。

后院由主轴线上的中院、东跨院及西跨院三个院落构成。中院南至午朝门，北至围墙，院墙东西相距21米，面积1491平方米。钟离殿、吕祖殿、卢生殿自南至北排序，体现出师徒三代的传授关系。三殿两侧建有配殿、钟楼和鼓楼。此院是吕仙祠的主体部分，属于祭祀区。东跨院即东行宫，为一座三进四合院，面积约1450平方米。西跨院即西行宫，为一座两进四合院，面积约1360平方米，建筑物有接官厅、太后寝室等。

东院呈不规则狭长形，院墙南北长134米，东西最宽处约30米，面积约4020平方米。南部为16米高的假山，上建驻云亭。

黄粱梦吕仙祠的建筑朴实庄重，集祭祀和园林功用于一体，在规划设计、建筑技艺、环境营造等方面独具匠心。祠内翠树、绿坪、朱垣、白桥、红莲交相辉映，使人如临蓬莱仙境。黄粱梦吕仙祠既有北方道观穆静、神圣的基调，又兼具江南园林旖旎、清丽的胜韵，体现了传统道教文化清静无为、天人合一的思想。2013年，黄粱梦吕仙祠被国务院公布为第七批全国重点文物保护单位，时代为明至清。

永年城全景（由北向南拍摄）

永年城

Ancient Yongnian City

永年城位于邯郸市永年区东南部的广府镇。城外四周环水，城东、南两面临滏阳河。

永年城古城墙的历史可追溯到隋唐时期。隋末唐初，夏王窦建德曾在此建都。元朝时，土城六里二十四步，侍郎王伟做郡守时，增为九里十三步。明嘉靖二十一年（1542），知府陈组调集永年、肥乡、曲周、广平、鸡泽、清河、威县、邯郸、成安九县民工，将土城修为砖城，高三丈五尺，宽二丈五尺。明嘉靖

永年城东城门（由西向东拍摄）

永年城西城门瓮城（由东向西拍摄）

四十三年（1564），知府崔大德为防水患和战事，修大堤及瓮城，将四道门改为八道门，设重门楼。

永年城坐落于面积达28平方千米的永年洼中。护城河绕城一周，河宽50米至70米，深3米。原建有城楼、角楼各4座，铺舍26座，垛口1752处。

永年城是一座历史文化名城，它不仅是历代郡县所在地，还是“冀南三府”之一广平府的府署所在地。永年城现保存状况较好，是全省乃至全国保存较完整的古代城池之一。2006年，永年城被国务院公布为第六批全国重点文物保护单位，时代为明。

永年城南城门（由西南向东北拍摄）

永年城西南角楼（由东南向西北拍摄）

永年城天皇庙（由西北向东南拍摄）

娲皇宫及石刻全景（由西南向东北拍摄）

娲皇宫及石刻

Wahuang Palace and Stone Inscriptions

娲皇宫位于邯郸市涉县，地处太行山东麓。山上建筑背靠悬崖峭壁，山下漳北渠水环绕而过。娲皇宫建筑分为山上、山下两部分，由山下的朝元宫、广生宫、停骖宫和山上的娲皇宫等建筑组成，其间以十八盘山道连接。

朝元宫原名大悲准提庵，坐东北面西南，由两进四合院组成，占地面积为1392平方米，由中轴线上的天王殿、大乘殿、水池房和北侧的华佗庙、三官殿等建筑组成。

广生宫俗称“子孙殿”，为神话传说中求子之场所。由于宫院地处山脚，依地形而建，为独立的四合院，由东正殿、南北厢房、西门楼和倒座等建筑组成。

停骖宫亦名歇马殿，为皇帝巡幸及豪门富户进香憩息之所。停骖宫为一独立的四合院，由正殿、南北厢房、门楼和倒座等建筑组成，占地面积为576平方米。

娲皇宫，坐落在半山腰，占地面积为1437平方米，建筑面积为432.8平方米。坐东面西，建筑依据地势，充分利用山崖下一个半圆形石坎，中置上临危岩的主体建

朝元宫（由西向东拍摄）

娲皇宫（由西北向东南拍摄）

娲皇阁侧立面

娲皇阁正立面

筑——娲皇阁，两旁有梳妆、迎爽二楼相陪衬，左钟（楼）右鼓（楼）南北对峙，余为山门、牌坊、石窟等建筑，布局合理巧妙。

十八盘是通向娲皇宫的一条盘山道，为因袭民间“十八层天、十八层地”的说法而建。坡度陡约为30°，下起凤仙桥，上至山门，全长918米，粗石筑堰，青石铺路，砖砌花墙。沿道建有四个八角凉亭，从下至上分别为眺峰亭、望漳亭、山明亭、水秀亭。

在娲皇古迹的文物中，摩崖刻经最为珍贵。摩崖刻经始刻于北齐，镌刻在娲皇宫建筑背后的山崖上，共有六部，总面积为164平方米，字数为137400余字，计1189行。由南而北依次是《思益梵天所问经》《十地经》《佛垂般涅·略说教戒经》《佛说盂兰盆经》《深密解脱经》《妙法莲华经·观世音普门品》。娲皇宫摩崖刻经是我国乃至全世界佛教典籍中弥足珍贵的文化遗产，具有极高的研究价值，被誉为“天下第一

《深密解脱经》石刻（由西向东拍摄）

壁经群”。

娲皇宫是我国最大的奉祀上古天神女娲氏的古代建筑群，也是北方地区典型的佛、道二教合一的古建筑群，对研究该地区建筑、造像艺术、刻经艺术、宗教文化等方面有着重要的价值。1996年，娲皇宫及石刻被国务院公布为第四批全国重点文物保护单位，时代为北齐、明、清。

涉县清泉寺

Qingquan Temple at Shexian

涉县清泉寺位于邯郸市涉县县城东南原曲村西，清漳河西岸。

清泉寺南北长108米，东西宽57米，总面积为6156平方米，建筑面积约2300平方米。寺内原有山门、天王殿、罗汉殿、大雄宝殿、雷音殿、藏经殿、仙境台等建筑，现仅存山门、钟鼓楼、天王殿、藏经殿、仙境台、菩萨阁等建筑。

山门，为砖木石结构，面阔三间，五架梁，硬山布瓦顶。檐下施单下昂三踩斗拱。山门两侧为配房，建筑高度略低于山门，砖木石结构，硬山顶。山门前有一对石狮子，左为雄狮，右为雌狮，卧姿，扭头相对。狮座浮雕十二地支、荷花等图案。

钟楼、鼓楼是分布在山门两旁的清代建筑，砖木石结构，单檐歇山卷棚顶，双下昂七踩斗拱，四根角柱为石柱。

天王殿，与山门相对，平面呈长方形，面阔三间，进深一间，悬山布瓦顶。梁架结构为七架梁，其中三架梁上施用叉手，斗拱为单下昂三踩斗拱。

藏经殿，砖木石结构，硬山布瓦顶，面阔三间，进深两间，前出廊。梁架结构为七架梁，其中五架梁上使用穿插梁。斗拱为单下昂三踩斗拱。

仙境台（俗称“无梁殿”），面阔、进深各一间，建在一座高4.8米左右的石台上。此殿为砖木石结构，卷棚歇山布瓦顶，施用单下昂三踩斗拱，两侧面各设有一拱券形窗户。

菩萨阁，分上下两层。下层为青石构筑的拱券

清泉寺记碑（明嘉靖三十一年）碑阳

重修卧云山清泉寺碑记碑（明嘉靖七年）碑阳

涉县清泉寺全景（由东北向西南拍摄）

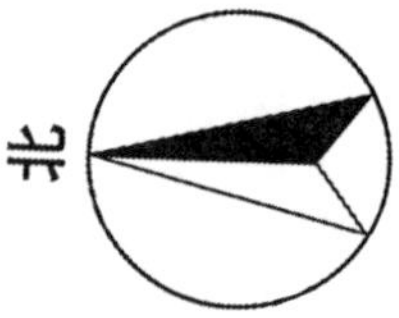
北

清泉寺总平面图

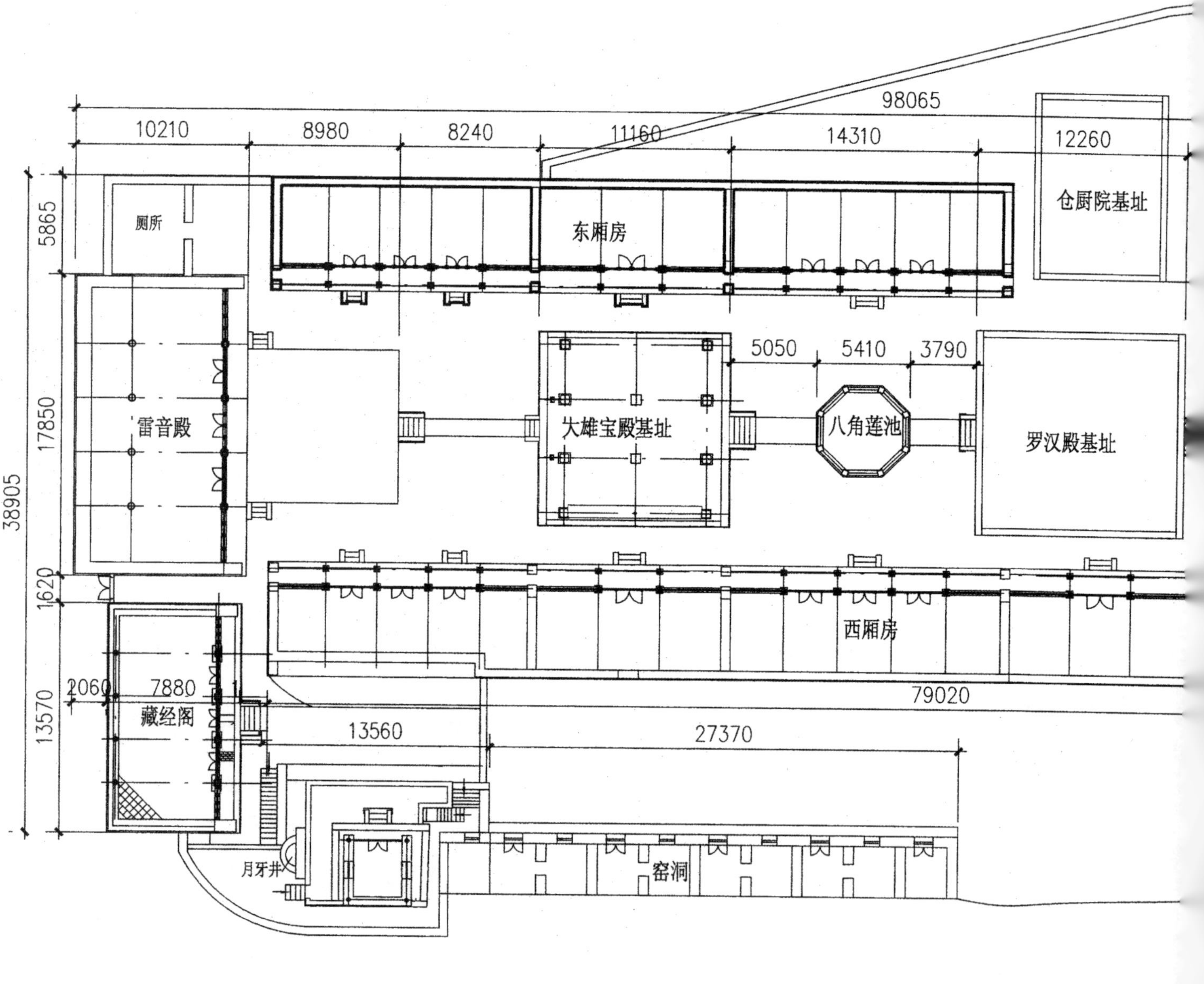
98065
10210
8980
8240
11160
14310
12260
5865
17850
38905
1620
13570
厕所
东厢房
仓厨院基址
雷音殿
大雄宝殿基址
5050
5410
3790
八角莲池
罗汉殿基址
西厢房
2060
7880
藏经阁
79020
13560
27370
月牙井
窑洞

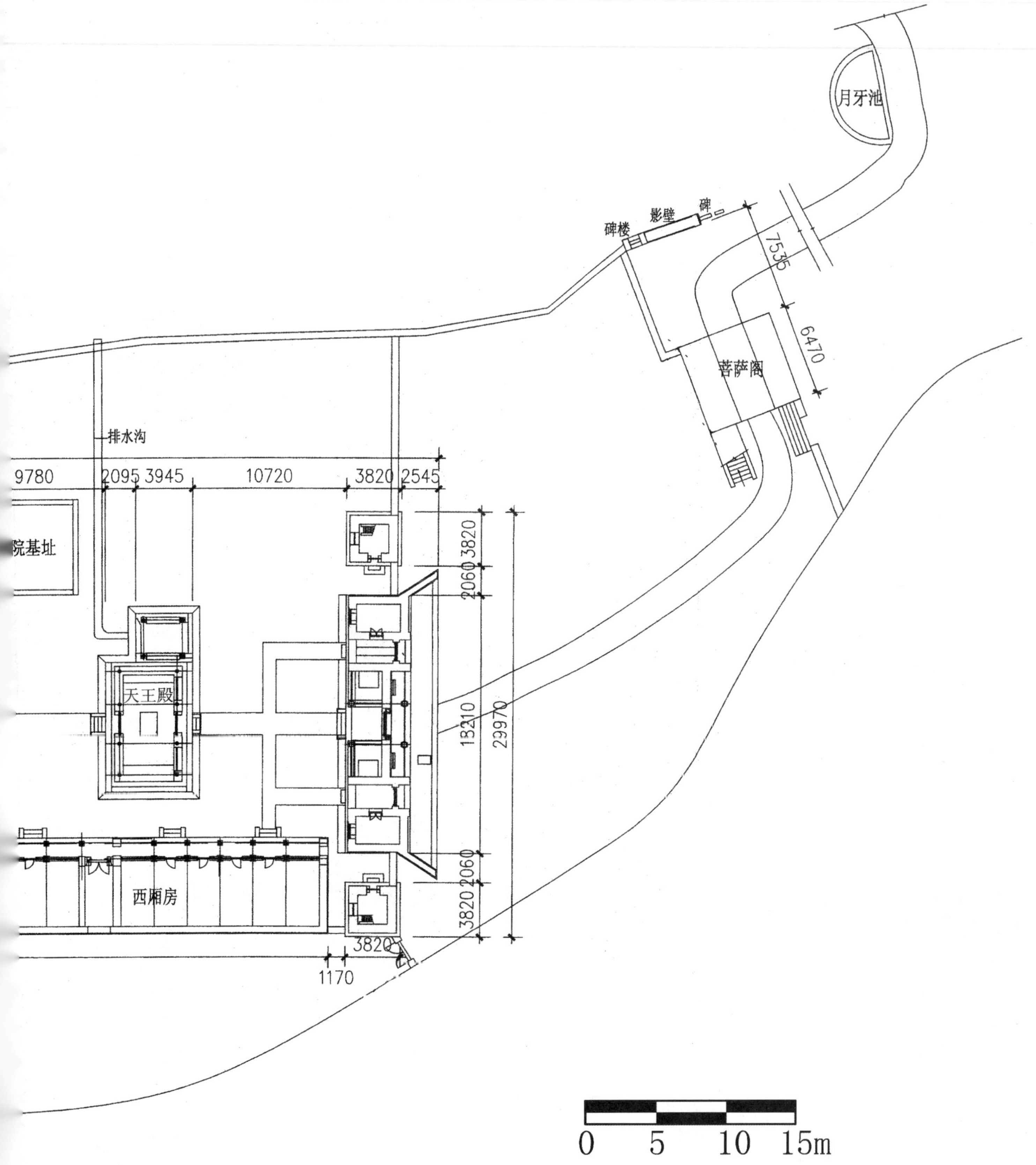
月牙池
碑楼
影壁
碑
7535
6470
菩萨阁
排水沟
9780
2095
3945
10720
3820
2545
院基址
天王殿
2060
3820
13210
29970
2060
3820
西厢房
3820
1170
0
5
10
15m

清泉寺山门（由北向南拍摄）

清泉寺天王殿（由南向北拍摄）

清泉寺仙境台（由东北向西南拍摄）

清泉寺八角莲池（由南向北拍摄）

形的石券台体，南北长6.5米，东西宽6.35米，高3.85米。券洞呈东西向，外额书“宝坊”，内额书“林泉”。券门西侧设台阶，供香客上下。上层为阁楼，砖木石结构，单檐悬山布瓦顶，面阔三间，进深两间，平面基本呈方形。五架梁，单下昂三踩斗拱。

另外，清泉寺现存碑刻十三通。这些碑刻中不乏历代名人书法手迹的碑刻，是一处难得的“书法圣地”。

清泉寺环境幽奇，位置独特，所存碑刻书法艺术精湛；在建筑工艺上，尤其是山门、藏经阁的砖雕墀头以及山面的砖雕搏风等，做工精细，造型逼真，技术精湛，具有较高的艺术价值。2019年，涉县清泉寺被国务院公布为第八批全国重点文物保护单位，时代为明、清。

武安舍利塔全景（由东南向西北拍摄）

武安舍利塔

Sarira-Stupa of Miaojue Temple at Wu'an

武安舍利塔位于邯郸武安市老城区塔西路与塔南街交叉口西北角，是原妙觉寺的重要建筑遗存，故又称妙觉寺舍利塔。该塔始建于北宋元祐六年（1091），明万历三十八年（1610）、清光绪三十二年（1906）重修。

武安舍利塔为砖结构楼阁式空心砖塔，平面呈八边形，十三层，现高42.3米。

一层塔身设有东、西两门。东门内有楼梯，可直抵第十层，西门则直通塔心室。塔心室内设有砖仿木斗拱以及藻井，两壁上各有一龛，龛内各镶嵌浮雕造像五尊。一层塔身西南、西北两面墙壁上镶嵌有石刻两方，其文字因年久漫漶不清，东南、东北两面墙壁用钱纹砖作为装饰。

一、二层塔身较高，设有平座，从远处观望犹如塔的腰檐。以上逐层递减。各层塔身东、南、西、北四面辟有洞门（部分门洞为盲门），塔檐出檐较短，檐上覆瓦。檐下有砖砌斗拱，各层斗拱的朵数及尺度大小不一，一层至十一层以及一、二层平座为双杪五铺作斗拱，十二、十三层为单杪四铺作斗拱。九层以

武安舍利塔南立面

武安舍利塔东立面

武安舍利塔北立面

武安舍利塔西立面

下塔身分内外两层，内层中心为八边形塔心柱，内外层之间有回廊环绕。第十层立柏木塔心柱直通塔刹底部。

武安舍利塔是冀南地区保存较早的宋代古塔，造型雄伟典雅，挺拔秀丽，收分明显，斗拱华丽，细节处理美观且匀称，具有重要的历史、艺术价值。2019年，武安舍利塔被国务院公布为第八批全国重点文物保护单位，时代为宋。

遇见：河北古建筑

ACQUAINTANCE
Ancient Architecture of Hebei Province

邢台市

邢台开元寺全景（由南向北拍摄）

邢台开元寺

Kaiyuan Temple in Xingtai

邢台开元寺位于邢台市襄都区光明街与邢州北路交会处西北部。

邢台开元寺，俗称东大寺，位于原顺德府旧城东北隅。据《顺德府志》及开元寺现存碑刻记载，开元寺始建于唐开元年间（713—741），是当时州政府修建的官方寺院。因唐皇室先祖祖籍是邢州，故开元寺是当时的重要寺院之一。元代时开元寺为皇室御用寺院，同时也是“大开元一宗”佛教宗派的开创地和总部所在地。自唐至明清，开元寺一直是当地举办佛事的重要场所，在中国佛教发展史上占有重要地位。

邢台开元寺坐北朝南，南北长400米，东西宽62米。重要文物遗存有弥勒佛殿、毗卢殿、释迦牟尼殿、大雄宝殿、三圣殿、地藏殿、经幢、金代大铁钟及历代碑刻等。

邢台开元寺山门（由南向北拍摄）

邢台开元寺天王殿（由南向北拍摄）

弥勒佛殿，明、清时称天王殿，是开元寺中轴线上的第一座大殿。面阔五间，进深三间，悬山布瓦顶，为清代建筑风格。现殿内弥勒佛、四大天王、韦驮等塑像为2001年重塑。

毗卢殿，清康熙年间称毗卢千佛阁，是开元寺中轴线上的第二座大殿。面阔三间，进深三间，悬山布瓦顶，正脊雕刻龙纹，两端施吻，垂脊雕刻花草，前端设脊兽，为清代建筑风格。现殿内毗卢佛塑像为2002年重塑。

邢台开元寺毗卢殿（由南向北拍摄）

邢台开元寺释迦牟尼殿（由东南向西北拍摄）

释迦牟尼殿，元代称观音殿，明正德年间（1506—1521）称大雄殿，万历年间（1573—1620）称菩萨殿。该殿是开元寺中轴线上的第三座大殿。面阔五间，进深三间，硬山布瓦顶，为明代建筑风格。明正德十三年（1518）重修时，将四根前柱更换为高浮雕滚龙石柱。石柱系用整块石料雕琢而成，下部刻捐献人的籍贯和姓名。殿内梁架之上遗有墨迹“清乾隆三十一年”题记，东壁有残存壁画（画面残缺不可识），西壁残存壁画为达摩渡海，殿内雕像为2010年所塑。

大雄宝殿，明、清时称药师殿，民国时称大雄殿。该殿是开元寺中轴线上的第四座大殿，面阔七间，进深四间，绿琉璃剪边歇山顶，为明代建筑风格。

唐佛顶尊胜陀罗尼经幢，为唐代遗存，现仅存幢身和宝盖，十六面体，残高5.1米。

邢台开元寺大雄宝殿（由东南向西北拍摄）

邢台开元寺三圣殿（由东向西拍摄）

邢台开元寺地藏殿（由西南向东北拍摄）

邢台开元寺金代大铁钟（由东向西拍摄）

邢台开元寺后梁大佛顶随求尊胜陀罗尼经幢（由西向东拍摄）

邢台开元寺唐佛顶尊胜陀罗尼经幢（由东南向西北拍摄）

幢身除刻《佛顶尊胜陀罗尼经》外，还兼刻了志静所撰《佛顶尊胜陀罗尼经序》。

大佛顶随求尊胜陀罗尼经幢，建于后梁乾化年间（911—914），现存四层，八面体，顶残缺。

金代大铁钟，铸于金大定二十四年（1184），通高3.2米，重9.1吨。钟顶部为蒲牢纽，纽下饰一周莲纹，莲纹下均匀分布八个直径约0.11米的镂空圆孔，钟口为莲瓣形。钟面阳铸铭文、图案，记载了丰富的历史信息。

历代碑刻也是邢台开元寺的重要遗存。如顺德府大开元寺宏慈博化大士万安恩公碑、顺德府大开元寺资戒坛碑、重修药师宝殿碑记碑、康熙颂碑等。

开元寺自唐开元年间建成至明代初年，香火旺盛，规模日趋扩大。元代，开元寺发展到鼎盛期，忽必烈曾两次驾临该寺并御赐“大开元寺”匾额，开元寺成为皇室御用寺院，堪称我国北方佛教中心之一。开元寺内碑铭题记十分丰富，是研究佛教发展史的重要资料。2006年，邢台开元寺被国务院公布为第六批全国重点文物保护单位，时代为明。

邢台道德经幢（由东南向西北拍摄）

邢台道德经幢

Dao De Jing Pillar in Xingtai

邢台道德经幢位于邢台市襄都区府前南街北端花园西南角。唐开元二十七年（739）八月五日，邢州刺史李质于邢州龙兴观刻立此幢，青石质，通高6.89米，由幢座、幢身、幢顶三部分组成。

幢座，置放于一八边形石台之上，莲花座式，高0.46米，直径1.6米。

幢身，由三块八边形石柱叠砌而成，高4.43米，直径0.9米，每面宽约0.4米。幢身阴刻楷书《道德经》和李隆基的逐句注释，其中正立面上部阳刻篆书“大唐开元圣文神武皇帝注《道德经》一部”；背立面上部刻“大唐开元廿七年岁在单阏月中南吕五日乙丑皇五从弟中散大夫使持节邢州诸军事守邢州刺史上柱国质建”，中部刻宋端拱元年（988）邢州军事柱国何缵撰文、卢华书的“重修邢州龙兴观道德经台记”，下部刻清道光十八年（1838）十月题记和民国二十八年（1939）邢台县县长苗作新为募资修台建亭所写之记。

幢顶，高1.46米，华盖状，八角形，顶端托宝珠，华盖底部浮雕莲花纹饰。

邢台道德经幢西北立面

该经幢镌刻的唐开元二十一年（733）玄宗皇帝注本《道德经》，是研究《道德经》的重要实物资料，具有较高的历史价值。整个经幢造型简朴，典雅美观，是研究唐代经幢建筑形制的重要实例。2013年，邢台道德经幢被国务院公布为第七批全国重点文物保护单位，时代为唐。

天宁寺前殿（由东南向西北拍摄）

天宁寺前殿（由北向南拍摄）

天宁寺前殿

Front Hall of Tianning Temple

天宁寺位于邢台市襄都区红星街北侧，是我国北方著名禅宗寺院，俗称“西大寺”。始建于唐贞观年间（627—649），北宋政和年间（1111—1117）宋徽宗赐额“天宁万寿禅林”，元代高僧虚造禅师曾住持该寺，元世祖忽必烈多次驻跸。明、清屡次修葺，现仅存前殿一座建筑。

天宁寺前殿，坐北朝南，面阔三间，进深二间，单檐歇山布瓦顶。梁架结构为抬梁式露明造，六架椽屋分心用三柱，柱有侧脚、升起，檐下施双下昂五铺作斗拱，前后檐明次间均施补间铺作两朵，明间补间施用45° 斜拱。大木梁架施用驼峰、叉手、襻间斗拱、襻间枋、替木、角背等构件；阑额、普拍枋呈“T”形；撩檐槫处不施檐槫，仅用撩檐枋；屋面为布瓦顶，正脊为绿琉璃脊件叠砌，垂脊为绿琉璃花脊。

天宁寺前殿正立面

天宁寺前殿侧立面

天宁寺前殿梁架

天宁寺前殿斗拱分位

天宁寺前殿在建筑的外观特征、用材比例、结构形式等方面保留了元代木构建筑的特点，造型优美，具有较高的艺术价值，是研究元代木构建筑的重要实例。2013年，天宁寺前殿被国务院公布为第七批全国重点文物保护单位，时代为元。

邢台清风楼

Qingfeng Tower in Xingtai

邢台清风楼正立面

邢台清风楼位于邢台市襄都区府前南街。据《邢台府志》记载，清风楼“建自唐宋”，后毁于战乱。明宪宗成化三年（1467）邢州知府黎光亨筹资重建，清光绪二十八年（1902）重修。

清风楼坐北朝南，为重檐歇山布瓦顶建筑，带平座，下有墩台。

该楼建于6.36米高的砖石墩台上，墩台收分明显，台上四周围砌女儿墙。台下开间辟有南北向的拱券门，墩台西侧有门房及马道，是登临清风楼的入口。

台上建筑两层檐间均施平座。下檐面阔五间，进深三间，周围设廊。北侧八根廊柱为石质小八角柱，其余为木质圆柱。该层仅于明间设隔扇门，次间设隔扇窗，其余各处用围墙围护。中间为正厅，前后两门对开，在厅内西南角的墙壁上镶嵌唐代王维的夏、秋、冬三景山水图石刻三块（春景遗失）。二层西北角，保存有两通石碑及清风楼题记石刻十块。下层东梢间有木楼梯通向上层。上层面阔五间，进深三间，木质地板，四面开门。

清风楼的平面柱网为减柱造，即减去明间两

邢台清风楼侧立面

邢台清风楼（由南向北拍摄）

邢台清风楼《王摩诘山水图·夏景》石刻

根前金柱，扩大了室内空间。明间为六架梁用三柱，后出插金双步梁；次间为五架梁用四柱，前后出双步梁；梢间为趴梁上立瓜柱支托踩步金，趴梁后尾搭在前后双步梁上。纵向构件为檩枋两件。清风楼仅在上檐施斗拱，为重昂五踩斗拱。屋顶为布瓦屋面，正、垂脊为砖雕花脊，施用正吻、垂戗兽及跑兽。

清风楼是古代当地文人休闲集会的重要场所，具有重要的历史价值。2019年，邢台清风楼被国务院公布为第八批全国重点文物保护单位，时代为清。

南贾乡石塔

Stone Pagoda at Nanjiaxiang

南贾乡石塔位于邢台市信都区南石门镇南贾乡村南，始建于唐代，明代万历、天启年间均有修缮。

南贾乡石塔为方形密檐式塔，塔体通高4.6米，由塔基、塔身、塔刹三部分组成。

塔基为方形，青石质，边长1.4米。塔基顶部为方形莲花座，边长1.05米。

塔身共计七层。一层塔身中空，南面辟塔门，门高0.36米、宽0.29米，塔门上方浮雕尖拱火焰纹楣额，两侧浮雕力士各一尊，因风化仅存轮廓。塔心室内北壁原浮雕一佛二菩萨，佛着宽博袈裟趺坐于须弥座上，两菩萨立于由须弥座底所出之莲蕾上，

南贾乡石塔（由东南向西北拍摄）

现北壁及佛像均已无存。一层塔身上部置层层收分的塔檐七重，除最下两重檐间为叠涩式样，其上各层檐间均为方形塔身相隔。一层塔身西壁有唐代垂拱二年（686）铭文，南壁塔门上方左侧为明代天启年间（1621—1627）铭文。

塔顶，为葫芦形塔刹，系后世维修复原。

南贾乡石塔保存较好，是唐代方形石塔的重要实物遗存，对研究唐塔形制、雕刻工艺具有重要的价值。2013年，南贾乡石塔被国务院公布为第七批全国重点文物保护单位，时代为唐。

南贾乡石塔南立面

南贾乡石塔东立面

南贾乡石塔西立面

南贾乡石塔北立面

普利寺塔全景（由南向北拍摄）

普利寺塔

Pagoda of Puli Temple

普利寺塔位于邢台市临城县临城大道北侧，又名普利寺舍利塔，为原普利寺主体建筑之一，建于宋皇祐三年（1051），明嘉靖十七年（1538）、嘉靖二十四年（1545）、万历四年（1576）均有维修。

普利寺塔坐北朝南，坐落在高5.8米的方台上，为方形七级密檐式砖塔。塔第一层较高，以上各层骤变低矮，高度和面阔逐渐缩小，塔体呈直线锥体。除一层南面留券门出入外，其余各层均为实心砖体结构，不能攀登。

台基，由页岩和石灰岩石砌筑而成，高5.8米，东西长22.4米，南北宽24.6米，近似方形。

塔身共七层（包括墙体、半拱、屋檐）。在一、二层之间另加一层平座，塔身墙体收分较大。一至三层各面均施用普拍枋、阑额，并在阑额处做出圆形柱头，每面均为三间四柱。四至七层墙身均为一间，不作阑额、柱头，只施普拍枋，其下为砖砌墙体。普利寺塔除外檐仿木斗拱、椽飞、槫、枋外，其各层撩檐槫上均用砖做生头木，使角部翘起。

塔刹下部刹座为青砖砌筑而成的方形须弥座式样。刹身为铁质，由仰莲、覆钵、山花蕉叶、相轮、宝珠等部分组成。其中宝珠由四边形、六角形、八角形构件相间隔，在八角形构件每面龛内置金属佛造像一尊，共八尊。顶部置铁铸宝葫芦塔刹。

普利寺塔是完整保存下来的宋代时期罕见的密檐式方塔，具有重要的历史价值。方塔盛行于唐代，在宋朝时期较为少见。普利寺塔集唐、宋建筑艺术于一体，其方形造型继承了唐代基本形式，又突出了宋代北方佛塔浑厚雄壮、造型严谨、挺拔秀美、雕饰华丽的特点。2001年，普利寺塔被国务院公布为第五批全国重点文物保护单位，时代为北宋。

普利寺塔北立面

普彤塔全景（由西南向东北拍摄）

普彤塔

Putong Pagoda

普彤塔位于邢台南宫市西约1.5公里处。普彤塔为原普彤寺实物遗存，保留了明嘉靖十五年（1536）重修时的建筑风格。

普彤塔为楼阁式仿木构实心砖塔，平面呈八角形，高九层，总高33米。

台基，高0.5米，八角形，边长7.8米。南面为三步踏跺台阶。

塔身，九层，每层由墙身、檐下斗拱、出檐和平座部分组成。现存一层墙身为民国二十二年（1933）维修时所添砌，边长4米，高2.9米。据文献记载，被包砌塔身正南面辟门，塔心为一水井，其他七面墙身情况不明。二层和三层东、南、西、北四面开龛，其余四面辟盲窗。四至九层不辟盲窗，仅在东、南、西、北四面开龛。盲窗分为直棂和“卍”字两种，龛分为券形、竖长方形和圭形三种。

普彤塔（由东南向西北拍摄）

塔刹通高4米，最下层为仰莲座，仰莲座之上为四面开门佛龛，龛之上为葫芦形刹顶。

1990年，对普彤塔进行维修时，在第四层佛龛中发现铜佛像、菩萨像及供养人立像44尊，均为明代遗存。另发现一至六层塔心为边长1米的空筒，七、八、九层为实心，此空筒应是在建塔时为测量垂直而设。

普彤塔是研究中国佛教史、砖塔建筑艺术的重要实物资料。2013年，普彤塔被国务院公布为第七批全国重点文物保护单位，时代为明。

遇见：河北古建筑

ACQUAINTANCE
Ancient Architecture of Hebei Province

保定市

古莲花池全景（由西南向东北拍摄）

古莲花池

Ancient Lotus Pond Garden

古莲花池位于保定市莲池区裕华西路，是一处集园林、行宫、书院于一体，兼有中国南北建筑风格的古典园林。古莲花池原名雪香园，始建于金正大四年（1227），是千户侯乔维忠的私人园邸。在元、明两朝交替中，曾一度荒废，明代以后改称为古莲花池。清代，古莲花池得到了大规模的扩建和整修，曾作为乾隆、嘉庆、光绪三朝的行宫，历史上闻名中外的莲池书院就开办于此园中。

古莲花池现占地面积约73.65亩，池水面积约占总面积的三

古莲花池宛虹亭（由东北向西南拍摄）

古莲花池君子长生馆（由东北向西南拍摄）

古莲花池花南研北草堂南房（由南向北拍摄）

分之一，池水分东塘、西塘和南塘，以东、西两塘为中心，环池建有濯锦亭、水东楼、藻泳厅、君子长生馆、响琴榭、洒然亭、高芬阁等建筑，形成了环绕东、西两塘及宛虹亭的主要景观。

古莲花池的建筑多为单体独立建筑，亭、廊、楼、榭遍布园中，布局以无规则和不对称为主。园内有三座假山，春午坡、篇留洞和红枣坡，叠嶂陡折，危岩耸立，怪石嶙峋，栈道盘折，曲径通幽。

古莲花池（由西向东拍摄）

园内共有六座大小不同的桥，其中元代所建汉白玉石桥最为古老。其余五座桥为东塘的含沧亭桥、藻泳厅西侧的太平桥、听琴楼下的响琴桥、水中亭南侧的宛虹桥和北侧的曲径桥，建造艺术手法各具特色。

古莲花池宛虹桥（由西向东拍摄）

在莲池东碑廊、西碑廊、北碑廊等处，有唐以来历代碑刻140余通，其中有誉满天下的《莲池书院法帖》[1]和西夏文经幢[2]。这些碑刻不但是莲池景观的重要组成部分，而且极大地丰富了莲池的文化内涵。

古莲花池的建筑历史悠久、内涵丰富，客观体现了元、明、清各时期园林的时代特征，是研究中国古代园林建筑艺术珍贵的实物遗存。2001年，古莲花池被国务院公布为第五批全国重点文物保护单位，时代为金至清。

---

[1]《莲池书院法帖》共有六家八种，为清道光十年（1830）直隶总督那彦成请人勒石而成，有唐褚遂良的《千字文》，唐颜真卿的《千福碑》，唐怀素的《自叙帖》，宋米芾的《虹县诗帖》，元赵孟頫的《蜀山图歌》，明董其昌的《云隐山房题记》《书李白诗》《罗汉赞》等。这些法帖都是那彦成家旧藏的艺术珍品，按时代先后嵌在莲池书院南楼墙壁，供当时学子观摩。

[2] 西夏文经幢所刻文献，是我国目前发现有确切年代可考的、最晚的西夏文字。

保定钟楼全景（由南向北拍摄）

保定钟楼

Bell Tower in Baoding

保定钟楼位于保定市莲池区裕华西路北侧，向西300米为直隶总督署，西南为保定古莲花池，东北为大慈阁。

据金大定二十一年（1181）铸钟铭文记载，钟楼创建年代最晚不迟于金代。明宣德年间（1426—1435）重修后，称宣德楼；明成化时期（1465—1487）重修后，改名为千云楼；清康熙四十二年（1703）重修后，又称鸣霜楼；再之后，俗称“钟楼”。

钟楼坐北朝南，建在2.55米高的砖砌城台上，城台顶周边砌女儿墙。钟楼为重檐歇山布瓦顶建筑，面阔三间，进深三间，建筑面积270平方米，通高9米。钟楼一层围廊置有12根八角花岗石廊柱，钟室墙内施12根檐柱，砌清水墙。明间南北辟对穿门，室内施通柱2根。上层梁架为六椽三柱，额、枋保留有早期做法特征，断面呈“T”形；檩下纵向置有枋2根，为悬挂铁钟之用。钟楼下檐施单昂三踩斗拱，明间两攒，次间两攒，山面明、次间各一攒。上层檐用单翘单昂五踩斗拱。

保定钟楼内的铁钟高2.55米，口径2米，铸钟铭文为“大定二十一年铸造”

保定钟楼正立面

保定钟楼侧立面

保定钟楼二层室内铁钟

（1181），早于西安钟楼大钟（1384年造）203年，早于北京大钟寺大钟（1733年造）552年。钟以生铁为原料浇铸而成，重8吨，质地坚密，体现了我国古代冶炼技术的先进水平。钟顶部设有8个洞眼，既是为了铸钟时防止钟体破裂，又可以起到共声增鸣的作用。敲击大钟上下可发出不同的声音，钟声宏远、悠长，能从声音中分辨多种音符，音波起伏，尾音长达5分钟之久。钟与楼结合巧妙、悬挂方式科学合理，反映了中国古代建造技术的先进水平，具有较高的科学研究价值。

保定钟楼基本保留明代风格，是研究明代北方官式建筑的重要实物例证，对研究中国古代建筑史、城市营建史有着重要价值。2013年，保定钟楼被国务院公布为第七批全国重点文物保护单位，时代为明。

大慈阁

Daci Pavilion

大慈阁位于保定市莲池区穿行楼北街北端古城区中心地带。

大慈阁又称大悲阁，由蔡国公张柔始建于南宋宝庆三年（1227）至绍定五年（1232）年之间。清顺治四年（1647）、顺治五年（1648），大悲阁有两次重大的修缮，陆续增建钟鼓楼、天王殿、方丈院等建筑。此后，大悲阁取名真觉禅寺。清乾隆年间（1736—1795），大悲阁遭雷击被烧毁，随后进行了重建，更名为大慈阁，一直沿用至今。清道光二十六年（1846）和民国三十一年（1942），大慈阁两次大修。现存建筑为清代遗存。

大慈阁整体占地面积约1600平方米，建筑面积约580平方米。建筑布局由南及北依次为天王殿、钟楼和鼓楼、大慈阁、关帝庙。

大慈阁为大慈阁建筑群的主体建筑，坐落在高4.6米的石砌高台上，建筑形式为三层三滴水歇山布瓦顶，檐下无斗拱。高台四周设汉白玉石栏板、望柱围护；前后明间设垂带踏跺。

建筑台基高0.91米，台面四周用汉白玉

大慈阁正立面

大慈阁侧立面

大慈阁（由南向北拍摄）

压面石，台明前后明间施五步垂带踏跺，四周铺方砖散水。

建筑平面呈长方形，底层面阔五间，进深三间，前檐明、次间施四扇六抹隔扇，明间中部两扇前施帘架门，梢间施四扇四抹槛窗；后檐明间施隔扇门，次间为六角窗；两侧山墙设圆形窗，其余为墙体封护。殿身前后施抱头梁、穿插枋，方格天花彩绘卧龙图案。次间东、西墙壁上绘有十八罗汉像及经变故事，为清代作品。明间后金柱前设石须弥座佛台，供奉木雕千手千眼观音菩萨像。两梢间设有楼梯，可通至二层。

二层面阔三间，进深一间，四周带廊，廊步施抱头梁、穿插枋，廊柱之间施木栏杆作防

大慈阁全景（由北向南拍摄）

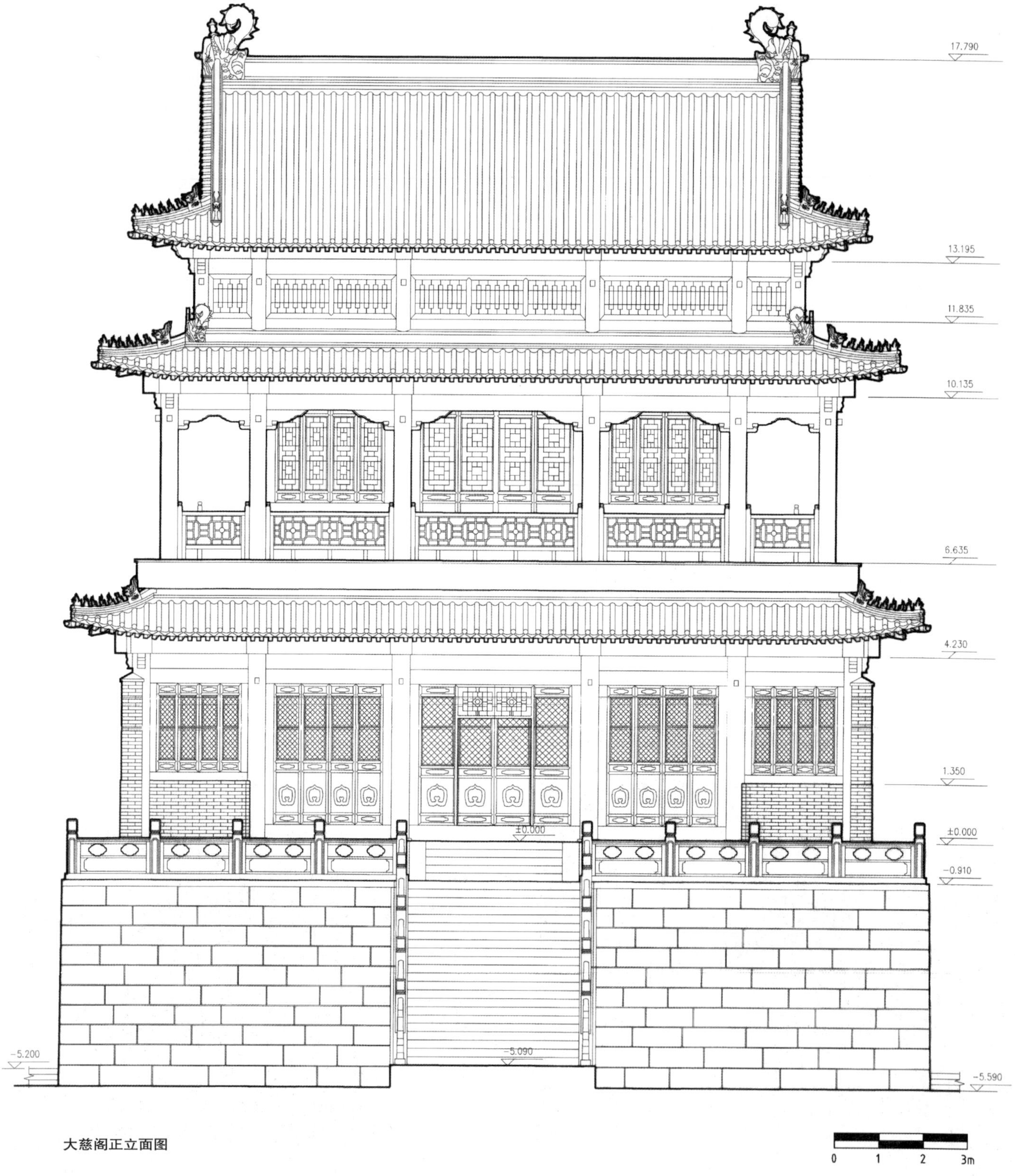
17.790
13.195
11.835
10.135
6.635
4.230
1.350
±0.000
±0.000
-0.910
-5.200
-5.090
-5.590
0
1
2
3m
大慈阁正立面图

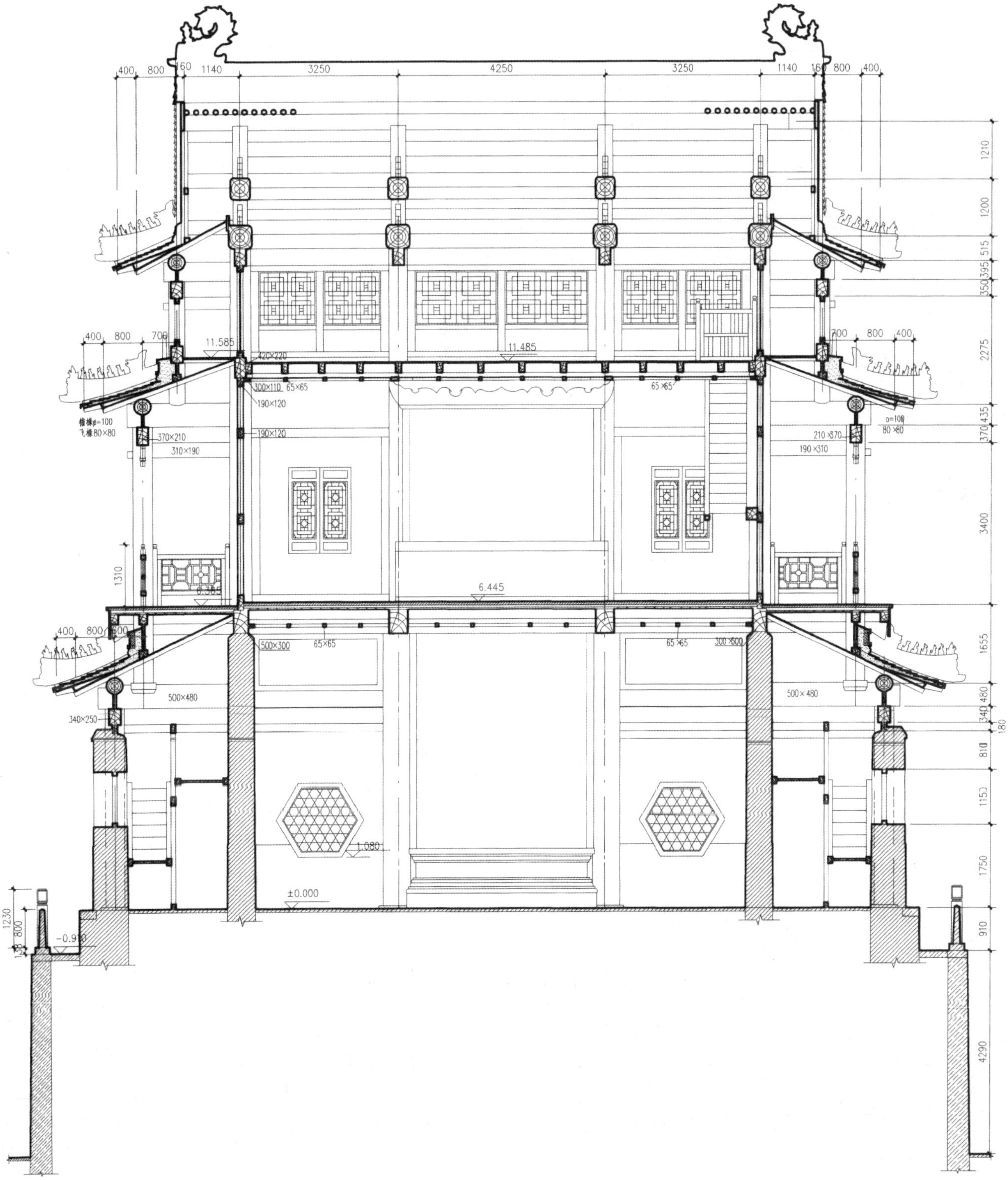

大慈阁纵剖面图

大慈阁天王殿（由南向北拍摄）

大慈阁关帝庙（由北向南拍摄）

护。明间前后檐施四扇六抹灯笼锦心屉隔扇门，室内供奉释迦牟尼铜鎏金佛像；次间前后檐为四抹槛窗，其余用木板壁墙围护，墙内抹灰层饰黄色，墙外抹灰层饰红色。东次间设楼梯可至三层。

三层面阔三间，进深一间，四周设封闭式回廊，东次间设楼梯口。殿身四周柱间均为木质门窗及木槛墙，东、西山面明间设步步锦隔扇门；回廊外侧用方窗围护。梁架结构为露明造，五架梁七檩用四柱，廊步施抱头梁与穿插枋，梁枋施用旋子彩画。

大慈阁外观重檐三层，每层造型、殿内装饰各有特色，现存壁画、彩绘具有重要的艺术价值。2006年，大慈阁被国务院公布为第六批全国重点文物保护单位，时代为清。

大慈阁钟楼（由西向东拍摄）

大慈阁鼓楼（由东向西拍摄）

淮军公所全景（由南向北拍摄）

淮军公所

Memorial Temple of the Huai Army of Qing Dynasty

淮军公所位于保定市莲池区兴华路，全称为“淮军昭忠祠暨公所”，由李鸿章自清光绪十四年（1888）开始营建，光绪十七年（1891）完工，历时三年有余。

保定淮军公所主要是列祭清同治四年（1865）以后沙场阵亡的淮军将士，以及同治九年（1870）以后北洋海陆军积劳病故者，取昭示忠良之意，建昭忠祠以示怀念。清光绪二十八年（1902），朝廷下旨将这座昭忠祠建筑改为李文忠公祠，即李鸿章祠堂。此处虽改作祠堂，但建筑整体布局改动不大，仅将正殿作为祭祀李鸿章牌位的专室；在南大门门额上增加了一方“李文忠公祠”长方匾额。

保定淮军公所建筑群坐北朝南，整体呈不规则矩形，南北长182米，东西宽170米，占地面积约2.6万平方米。现有古建筑房屋5000余平方米，大致分为昭忠祠、李鸿章专祠、荷花塘及花园等区域。建筑群以中路主轴线为基线，分列两侧。李鸿章专祠在中路，昭忠祠在西路，位于北部的多套北方风格的四合院为公所院。西路的荷花塘、花园现大部分改建成民房。保定淮军公所中最具价值的为中、西两路的徽式建筑，即李鸿章

淮军公所李鸿章祠堂迎宾院（由南向北拍摄）

淮军公所李鸿章祠堂迎宾院鸟瞰（由南向北拍摄）

淮军公所李鸿章祠堂戏楼中门砖雕（由南向北拍摄）

淮军公所李鸿章祠堂戏楼北侧一层梁架木雕（由东向西拍摄）

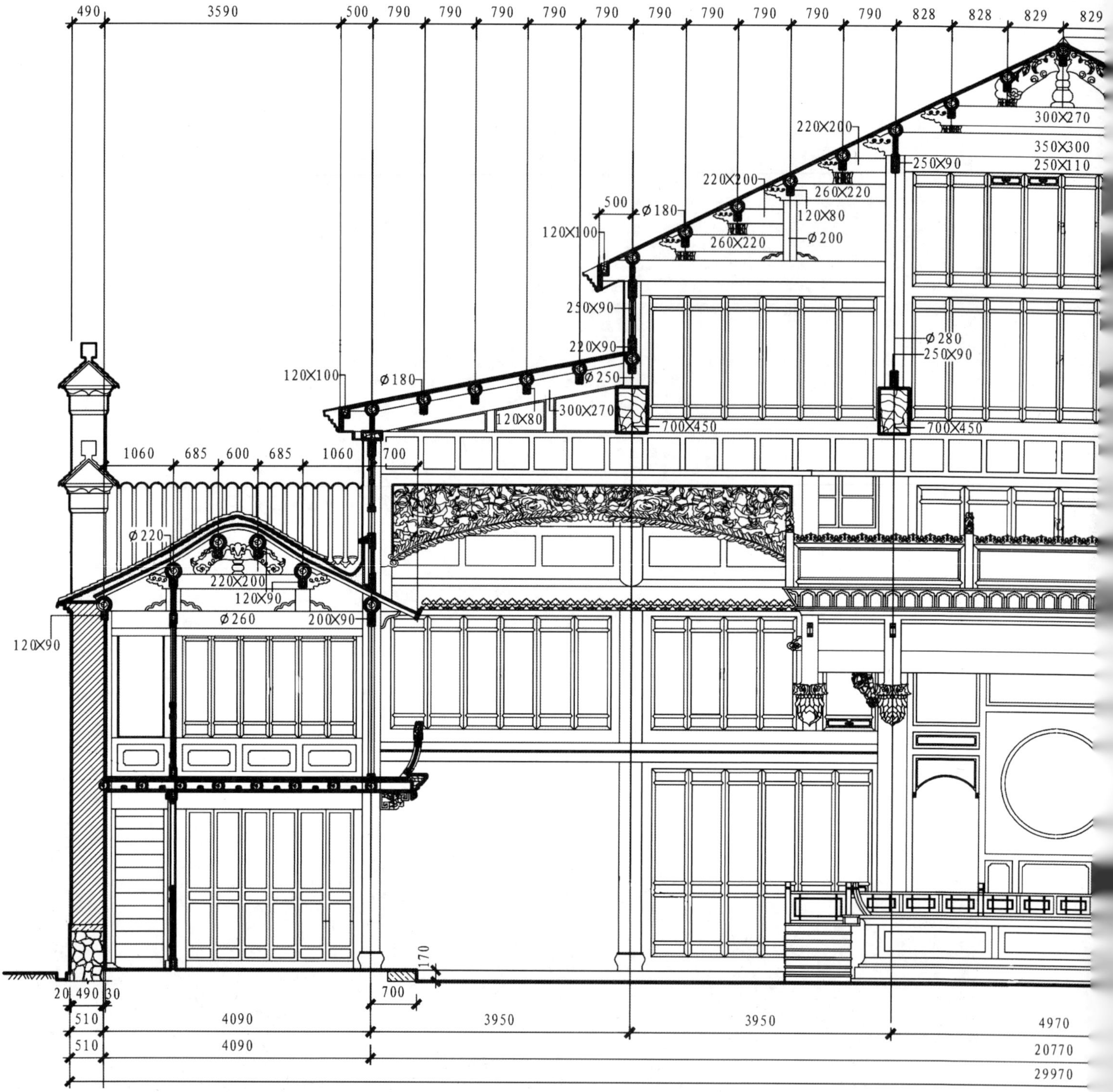

淮军公所戏楼罩棚、包厢横剖面图

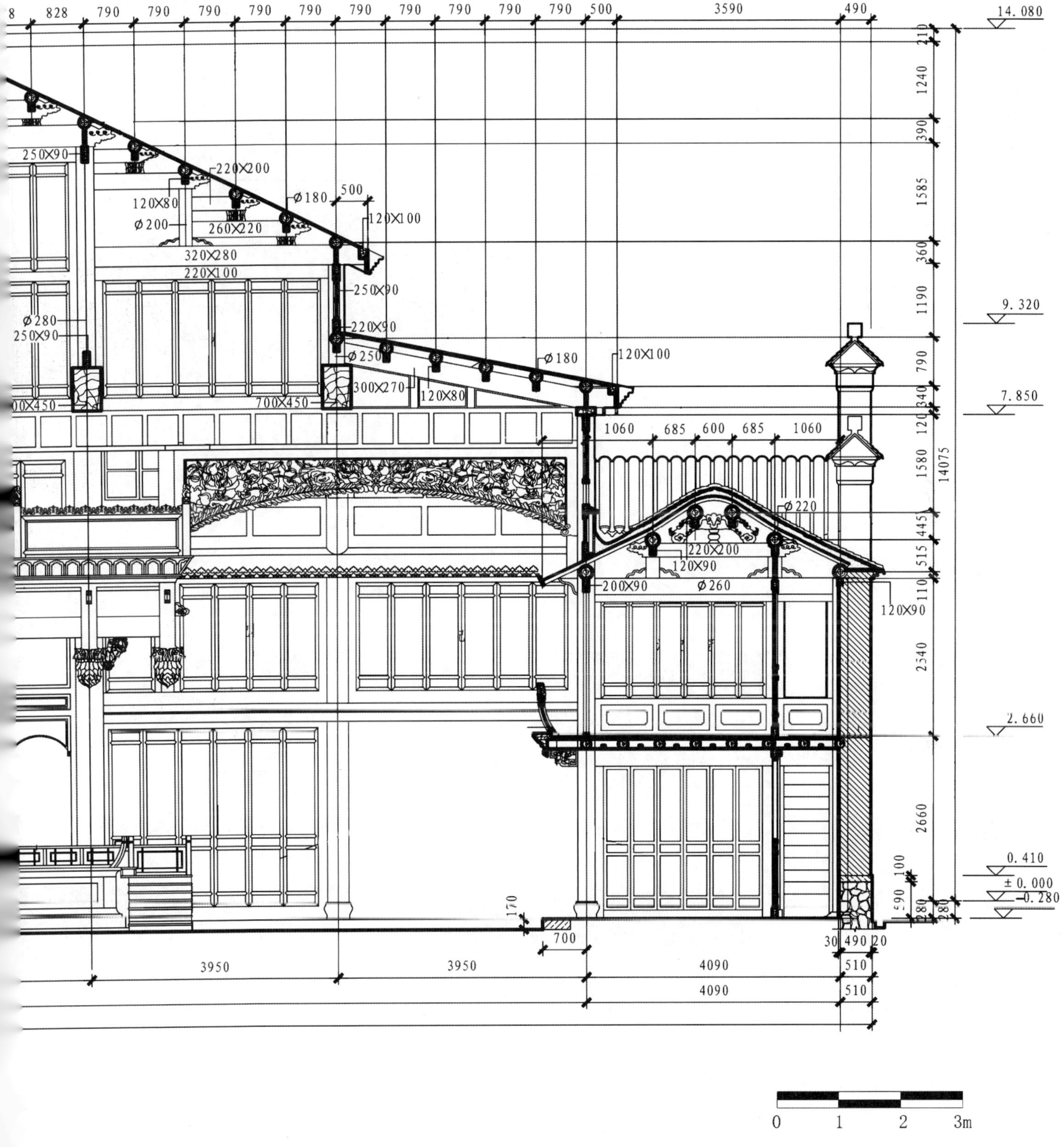

8
828
790
500
3590
490
14.080
210
1240
390
1585
360
1190
9.320
790
7.850
340
120
1580
14075
445
515
110
2340
2.660
2660
0.410
100
±0.000
-0.280
280
590
250X90
220X200
120X80
Ø180
500
120X100
Ø200
260X220
320X280
220X100
250X90
Ø280
220X90
Ø250
300X270
120X80
700X450
1060
685
600
Ø220
220X200
120X90
200X90
Ø260
120X90
170
700
30
20
3950
4090
510
0
1
2
3m

淮军公所李鸿章祠堂正殿院东侧月洞门（由东向西拍摄）

淮军公所李鸿章祠堂正殿院东侧月洞门木雕（由东南向西北拍摄）

淮军公所昭忠祠鸟瞰（由南向北拍摄）

淮军公所昭忠祠过厅梁架木雕（由西向东拍摄）

祠堂、昭忠祠。

李鸿章祠堂，共三进院落。一进院又称前院或迎宾院，由大门、倒座、东西配房和正房（过厅）组成。大门、倒座和东西配房结构上连为一体，正房和配房间用连廊相接，院内回廊相通，屋檐平齐，形成四周封闭的天井式四合院。二进院从迎宾院正房穿堂而过，迎面是戏楼，和前院相隔4米。戏楼占地980平方米，分为上下两层，规模宏大，精雕细琢，是淮军公所的主体建筑。穿过戏楼进入三进院正殿院（戏楼后院），院落宽阔，为主要祭祀场所。正殿院由正房和东西廊组成，东西廊连接戏楼后廊和正房前廊，形成四周相通的回廊，与前院一样形成四周封闭的天井式四合院。另外，东西回廊明间各有一月洞门通向东西两路。

昭忠祠，由前后两套院落组成。前院由大门、倒座、东西廊和正房（过厅）组成，东西廊连接倒座和正房，形成四周回廊相通屋檐平齐的天井院。东西廊为碑廊，有淮军公所章程和捐款名单刻石于墙上。穿过正房进入昭忠祠后院。后院由正房、东西配房组成，配房与正房、过厅间用廊连接。

淮军公所是我国北方目前保存完整的一座以清代徽式祠堂建筑为主体的古建筑群，是研究清代徽派祠堂建筑的珍贵实例，具有较高的历史价值。2013年，淮军公所被国务院公布为第七批全国重点文物保护单位，时代为清。

清河道署全景（由南向北拍摄）

清河道署

Qinghe Office of Zhili

清河道署位于保定市莲池区兴华西路，东邻古莲花池，西邻淮军公所，北临直隶总督署。

道署即道员（道台）衙门。明清时在省、府之间所设的监察区称为道，道的长官称为道员。道员是明清两代布政使司、按察使司的辅佐官。清乾隆十八年（1753），裁撤参政、参议、副使等衔，专设分守、分巡道。道员定为正四品官，管辖府、州，为省以下、府州以上的高级行政长官。

清河道署全称为“分巡道直隶清河道”，为清雍正四年（1726）建置，驻保定府，监管河务。民国时期曾为军阀王占元公馆，抗战结束后为国民党二十九军军部。

清河道署建筑群坐北朝南，为典型的北方四合院式布局，占地面积4500余平方米，建筑面积约2000平方米。受道署建筑制度化、规范化的影响，清河道署整体中轴对称，主从有序，分东、中、西三路，布局严谨。中路由南向北分布有大门、垂花仪门院、大堂院、

清河道署大堂院垂花仪门（由南向北拍摄）

清河道署三堂院（由东南向西北拍摄）

二堂院、三堂院等，院落布局规整，均为一正两厢，各院落东西墙开便门通往东路和西路。西路纵深串联花厅及花厅后两进院落。东路由前院、幕府院（又称东跨院）、后院组成。东、中、西三条轴线并列推进，整体建筑规制完整，形成典型的道署建筑格局。

清河道署垂花仪门院大门（由南向北拍摄）

在建筑功能设置上，清河道署基本遵守“文东武西”“东尊西卑”“前衙后邸”的规制。道署大堂前，东列吏、户、礼三房，西列兵、刑、工三房。东路为道员及其他衙吏办公的幕府院，西路为内宅与清河道员及下属聚宴之所。大堂院、二堂院为治事之所，三堂院为清河道员及家眷居住之所，前为衙，后为邸。但与其他衙署不同，道署内宅与办公区无明显区分，未单独设置内宅门，穿过二堂即到三堂院落。

清河道署建筑规模宏大，布局合理，建造工艺考究，有着较高的建筑历史及艺术价值，是研究清代道员衙署建筑的重要实例。2013年，清河道署被国务院公布为第七批全国重点文物保护单位，时代为清。

庆化寺花塔（由南向北拍摄）

庆化寺花塔
Flowery Pagoda of Qinghua Temple

庆化寺花塔位于保定市涞水县洛平村北2.5公里的龙宫山上，为原庆化寺重要建筑遗存。庆化寺花塔为砖砌实心花塔，八角七层，通高约16米，由塔基、塔身、塔刹组成。

塔基为砖质须弥座，八角形，高4.07米，束腰以下须弥座青砖叠涩侧收，在两层收进的枭砖上分别雕花草和仰莲。束腰布满雕刻，各角皆雕力士一尊，每面壶门两个，内雕弹琴、吹箫、跳舞等形态各异的乐伎像。每个壶门的两侧雕乐伎。束腰之上为砖砌普拍枋及仿木斗拱。斗拱为五铺作出双杪。斗拱之上承托平座，平座勾栏栏板饰“卍”字图案，勾栏上为素面仰莲承托塔身。

塔身两层，第一层八角形，各角施倚柱，倚柱下为砖雕覆莲柱础。东、南、西、北四正面辟拱门，拱门内均做成方形小塔室（佛龛）。四面塔室互不相通，中心为方形塔心柱，各塔室内设佛台供奉佛像。在塔室佛像后面上方开方形透气孔至塔心柱，十字相交。各面券门上方雕飞天两尊，其余四面墙壁中部设破子棂盲窗。塔身上部为阑额、普拍枋，其上为五铺作双杪斗拱，斗拱之上为砖质檐椽和飞椽。屋顶青砖覆盖代替瓦面，檐头雕成滴水瓦式样，各角设木质角梁，端头系挂风铎。第一层塔檐之上勾栏平座，平座直托第二层花蕾式塔身，也是此塔之精华所在——104座形如楼阁、亭状小塔，120个佛龛分八层环绕塔体，自下而上递减、收分，形成锥体形。

塔刹塌毁，刹座局部保留，为砖砌须弥座。

庆化寺花塔中仿木构斗拱、门窗、雕刻、勾栏、平座等构件均为原物，是研究辽代建筑的宝贵实物例证，具有重要的历史价值。2001年，庆化寺花塔被国务院公布为第五批全国重点文物保护单位，时代为辽。

涞水龙严寺塔（由南向北拍摄）

涞水龙严寺塔

Pagoda of Longyan Temple at Laishui

涞水龙严寺塔位于保定市涞水县城北偏西11公里中水东村西，清水河东岸，俗称“水东塔”。

据《涞水县志》载，金大定十八年（1178），龙严寺右侧古塔因年深朽弛，屋檐颓毁，龙严寺比丘尼本果、本正二人不忍观之，共议特邀乡人重修。明万历二十三年（1595）以及清代多次重修。

此塔平面呈正方形，边长2.7米，呈棱台式，上下收分较小，为七层密檐式空心砖塔，塔高14米。一层南侧辟拱形券门，汉白玉质，其上减地浮雕蔓草纹花边，内刻楷书“南无十方诸佛”“南无万万尊菩萨”“南无西方极乐世界”等字样，券门内再置简易青页岩槛框，其右框上阴刻“万历二十三年重修”字样。各层塔檐为叠涩砌筑而成。塔刹由八角形刹座及砖雕双层仰莲花瓣承托葫芦形刹顶组成。

涞水龙严寺塔无塔座、斗拱、飞椽，没有进行繁复的仿木结构建造，较少雕饰，整体结构简洁素雅，造型别致；塔檐叠涩砌筑，翼角翘起，方形空心，抗震性好，具有重要的艺术价值和科学研究价值。2019年，涞水龙严寺塔被国务院公布为第八批全国重点文物保护单位，时代为辽。

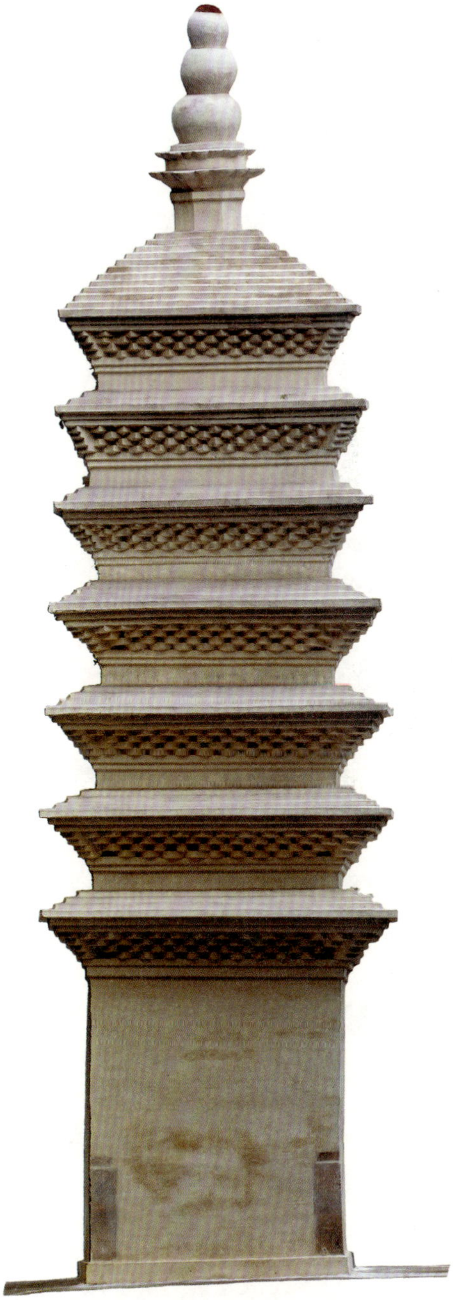

涞水龙严寺塔北立面

西岗塔全景（由南向北拍摄）

西岗塔

Xigang Pagoda

西岗塔位于保定市涞水县城西涞阳路塔南街。西岗塔原名不详，因塔建在县城西岗之上，后人沿称西岗塔。

西岗塔，八角十三层（塔内五层），平面呈八角形，通高约33米，为楼阁与密檐相结合式砖塔。第一层和顶层为楼阁式，其余各层为密檐式。塔体结构为双层套筒式结构，由塔外壁和塔心砖柱构成八角环形回廊，塔心柱内置穿心式登塔阶梯。

塔座为束腰须弥座，由台基、束腰、平座斗拱、勾栏、仰莲五部分组成。台基斜面上雕有如意云头图案。束腰八角及八面各雕有腾龙图案的角柱和槏柱，各柱之间为素面壶门。束腰之上为普拍枋及平座斗拱，斗拱为双杪五铺作，补间两朵，转角斗拱施斜拱。交互斗上承批竹昂式耍头及撩檐枋。再上置勾栏地栿，八角均设勾栏望柱，平座勾栏大华板浮雕“亞”字和曲尺形几何纹饰。寻杖和盆唇之间的小华板雕有缠枝西番莲、牡丹、卷草等图案，小华板之间置斗子蜀柱承托寻杖，平座以上用四层莲瓣承托塔身。

第一层塔身八角均施经幢状倚柱，倚柱下为须弥座式台基。东、西、南、北四面均辟拱券门，四斜面施直棂盲窗。上部浮雕如意云头，其上置普拍枋，转角处出头。一层檐下每面均施双杪五铺作斗拱一朵，斜出华拱，第二跳斜华拱上承批竹昂式耍头及令拱，其上置散斗托撩檐枋。转角铺作下部与平座斗拱相同，上部与补间铺作相同。撩檐枋上架檐椽，每面24根。其上为砖质飞椽，檐椽椽头嵌有铁环，八角各置角梁，飞椽上置一层直檐，其上为逐层内收的三层叠涩檐，每层厚度及内收尺寸均不同。直檐用方砖出挑，檐上内收的三层叠涩砖，底层方砖，上面两层为条砖。每层八角均施木质角梁，悬挂风铎。

二至十二层均由墙身及出檐组成。墙身形制与第一层基本相同，均为素面，中置腰线混砖一层，墙身无收分。出檐形制与第一层基本相同，第二至十一层为七层砖叠涩出檐，其上为逐层内收的三层叠涩砖。第十二层为五层砖叠涩出檐，其上为逐层内

西岗塔北立面

西岗塔西立面

收的三层叠涩砖。

顶层八角均施砖砌圆倚柱，下置覆盆式柱础。在东、西、南、北四面均辟拱券门，四斜面为素面墙身。圆柱上承阑额和普拍枋，均在转角处出头。檐下每面均施单杪四铺作斗拱一朵，华拱上承批竹昂式耍头及令拱，其上置散斗托撩檐枋。转角铺作正侧两面各出斜拱，其余与补间铺作相同。顶层出檐，撩檐枋上置砖檐椽，无飞椽。檐椽上置两层直檐，上层挑出，其上为布瓦屋面。檐椽椽头嵌有铁环，八角各置角梁。顶层屋面八角各置垂脊，其上施脊兽。

塔刹现仅存砖砌八角基座和三重仰莲。

西岗塔距今已近千年历史，虽经多次地震和战乱，除塔刹顶部残损外，大部分保留了始建原物，时代特征明显，历史感厚重，是研究辽金佛塔建筑形制及演变的重要实物资料，也是研究筒式结构古塔的重要实例。2006年，西岗塔被国务院公布为第六批全国重点文物保护单位，时代为辽。

金山寺舍利塔（由东南向西北拍摄）

金山寺舍利塔

Sarira-Stupa of Jinshan Temple

金山寺舍利塔位于保定市涞水县东龙泉村西北的金山寺遗址，又名千佛舍利塔。金山寺舍利塔始建于元大德四年（1300）。明天顺年间（1457—1464）寺废，仅存千佛浮屠十三级（即舍利塔），后由云水比丘慧顺重建寺院。清代顺治、雍正、光绪年间均有重修。

舍利塔为金山寺的重要建筑遗存，坐北朝南，平面八角形，十三层密檐实心石塔，汉白玉质，由台基、塔座、塔身、塔檐和塔刹五部分组成，通高约8.18米（不包括台基）。

舍利塔矗立于高1米、边长6米的方形石砌台基上。台基之上为须弥座式塔座。塔座高约1.31米，自下而上，由下枋、下枭、束腰、上枭、上枋和仰莲座六部分组成，下枭下枋和上枭上枋各用一块汉白玉石雕成，中间束腰和须弥座上的莲座各用一块汉白玉石雕刻而成，之间平面相叠用白灰浆粘接，无榫卯。下枋雕海狮、海马、如意、卷草纹，下枭位置雕缠枝牡丹、海石榴、宝相花等。束腰部分浮雕海兽环列八面，东、南、西、北四正面圆雕兽头和前身，探出束腰；四斜面雕兽首，突出束腰。上枋各面两端雕卷草，中间雕如意、回纹、帏带等吉祥图案。仰莲座雕三层莲瓣交错排列。整个塔座雕工细腻、华丽。

塔身，仰莲座承托八棱塔柱式样，高1.56米，边长0.32米，正南面中间雕无量寿佛坐像三尊，佛像上边刻“无量寿千佛舍利宝塔记”；佛像下边刻“皇太后万寿无疆”“当今皇帝圣寿万安”“东宫位福寿千秋”“相奇公主寿等千秋”，铭款刻“大元时大德十一年重阳日

金山寺舍利塔北立面

作太平会铭记”等字样。题字左右两边刻三爪云龙戏珠图案，上下两端刻双钩蔓草纹，最下边刻莲花。其余各面中间位置各雕一尊无量寿佛坐像，手印各不相同，上下满雕形态各异的佛像图案，交错排列，共计840余尊。塔身承托一层塔檐，塔身与塔座和塔檐之间平面相接无榫卯，用白灰浆粘接，在塔身的顶端设石窝，用石盖封闭。

塔身之上承托十三层塔檐，每层塔檐均用一块汉白玉石雕成，塔檐之间平面相接无榫卯。除一层塔檐外，其余各层塔檐做法相同。一层塔檐檐下雕斗拱，均为偷心造，转角斗拱为双杪五铺作，各面补间铺作一朵，五铺作偷心造，进深方向出两层华拱，承托撩檐榑，撩檐榑在转角位置相交出头，垂直截齐。檐下转角位置雕老角梁和仔角梁，中间雕檐椽和飞椽。屋面位置雕瓦垄、正脊和垂脊，檐口刻勾头、滴水，垂脊端雕兽头。塔转角位置钻有系挂风铎的圆孔。二至十三层塔檐做法相同，尺寸从下往上逐层缩减，下无斗拱、角梁和椽飞，其余做法与一层塔檐相同。塔檐之上置仰莲刹座和圆形宝珠刹顶。

金山寺舍利塔及遗址至今已有700多年的历史，是元代的实物遗存。舍利塔结构合理，造型古朴典雅，雕刻生动、工艺精湛，具有重要的建筑艺术价值。2013年，金山寺舍利塔被国务院公布为第七批全国重点文物保护单位，时代为元。

金山寺舍利塔西立面

义慈惠石柱

Yicihui Stone Pillar

义慈惠石柱位于保定市定兴县城西北的石柱村。

据文献记载，石柱始建于北魏孝昌年间（525—527），是为褒扬民众义举而建立的纪念柱。原为木柱，后于北齐大宁二年（572）改建为石柱。

石柱用石灰石建造，由方基座、柱身、石屋三个部分叠砌而成。现存高度为6.17米。

基座包括基石和莲座。基石为一块方形大石（现埋存于地表以下），东西两边各长2米，南北两边略窄。基石上有覆莲座柱础，莲座为一宽1.23米的方石，高0.55米。莲座包括方台、枭线、覆莲三部分。

柱身高4.5米，用两段浅棕色的石灰石垒接而成。柱身为一不等边八角形，四个正面面宽0.4米，四隅面宽仅0.2米，如同方柱削去边棱的形状。柱身自下而上逐渐收小。柱的上部，约于通高的四分之一处，东南、西南两隅角为了镌刻题字而未削边棱，形成平面，《标异乡义慈惠石柱颂》和题名等刻于柱身的各面。石柱颂文反映了当时的农民起义和社会形势，对研究南北朝历史和农民运动史具有重要的价值。

石屋建在柱顶之上，为面阔三间，进深两间，单檐仿木建筑。石屋雕刻有屋顶、檐椽、角梁、

义慈惠石柱柱身（由南向北拍摄）

义慈惠石柱（由西南向东北拍摄）

斗、阑额、柱子等构件，前后当心间雕刻火焰龛门、佛像，两次间雕刻方窗。石屋下面一块长方形石板，作为屋的基础，也是柱身的盖板。在盖板的底面，雕刻莲瓣、圆环、古钱及花果等纹饰。

义慈惠石柱是我国现存最早的纪念柱实物，距今近一千五百年。石柱集建筑、书法、雕刻多种艺术形式于一体，柱身所刻《标异乡义慈惠石柱颂》三千余字，内容丰富，对研究魏晋南北朝社会政治、经济、军事等方面具有重要的历史价值。1961年，义慈惠石柱被国务院公布为第一批全国重点文物保护单位，时代为北齐。

阁院寺
Geyuan Temple

阁院寺位于保定市涞源县县城中，俗称“西大寺”。

据《涞源县志》记载，阁院寺为“汉创建，唐重修”，现存殿宇为“辽元补葺之”。清华大学建筑工程系对阁院寺进行实地测绘考察后，认定主殿文殊殿建于辽应历十六年（966），寺内其他建筑为明清时期重修或改建。

阁院寺坐北朝南，占地面积约6900平方米。寺内中轴线现存建筑有天王殿、文殊殿和藏经楼，中轴线两侧为配殿、禅房等建筑。

阁院寺全景（由南向北拍摄）

阁院寺天王殿（由北向南拍摄）

阁院寺藏经楼（由南向北拍摄）

阁院寺文殊殿（由南向北拍摄）

阁院寺文殊殿门窗（由南向北拍摄）

阁院寺辽代大钟

天王殿，面阔进深各三间，歇山布瓦顶，大木构架为宋代《营造法式》中“四椽对乳栿，用三柱”的做法。柱径与柱高的比例为1：8.5。平板枋与额枋的断面呈“T”形。梁断面长宽比为5：4，梁的末端做成麻叶头伸出斗拱外侧，直接承托挑檐檩。每间施平身科一攒，重昂五踩斗拱。梁架和斗拱施彩画。

文殊殿，面阔、进深均为三间，采用“四椽对乳栿，用三柱”的构架，歇山布瓦顶，叠涩脊，绿琉璃鸱吻。斗拱为五铺作偷心造，每间用一朵补间铺作，在转角铺作的两跳角华之上加抹角拱。正面门窗为辽代棂花格子门窗，是中国最古老的、保存完好的且仍在使用的木窗棂之一。殿内东、西、北三壁上皆是大幅壁画，因其用黄泥覆盖，得以保存至今。从泥坯脱落处露出内容看，壁画内容为佛教题材。

藏经楼，明代建筑，重檐歇山布瓦顶。下檐面阔三间，进深两间，四周回廊，一斗二升交麻叶斗拱；上檐面阔三间，进深两间，重翘五踩斗拱。

寺院现存铁钟一口，铸造于辽天庆四年（1114），钟高1.6米，口径1.5米，重约2吨，钟身铸有铭文1200多字。

文殊殿始建年代较早，规模较大，是我国现存的重要辽代木构建筑之一，具有很高的历史、科学、艺术价值。1996年，阁院寺被国务院公布为第四批全国重点文物保护单位，时代为辽。

兴文塔

Xingwen Pagoda

兴文塔位于保定市涞源县县城中心泰山宫内。据镶嵌在第一层塔身东侧假门位置的汉白玉碑刻记载，此塔初建于唐天宝三年（744）。据镶嵌在第二层塔身西北面假窗位置的碑刻记载，此塔曾于明嘉靖十八年（1539）重修。现存塔为辽代建筑风格。

兴文塔为八角五级楼阁式实心砖塔，塔高21.96米，占地面积37.6平方米。此塔由须弥座、塔身、塔刹组成，由下而上逐层收分明显。

须弥座下枋刻仰莲，上枋刻覆莲，用砖条砌成壶门，圭角转角处雕刻花卉纹饰。

第一层塔身最高，以上每层高度均匀递减，全塔除角梁外，均采用砖仿木构件。第一层塔身南面券一拱形门，门上饰弓形额楣，内券穹窿顶圆形洞室；檐部斗拱出两跳五铺

兴文塔塔身（由南向北拍摄）

作，与檐部相接处饰齐心斗。

第二层以上塔身均建在平座上。塔身除一层南面外，一、二、三层正向四面饰拱形盲门，余四面饰直棂盲窗。四、五层塔身除四层南面外，八面均饰直棂盲窗，檐部和平座均饰斗拱，斗拱为柱头一朵，补间一朵。第二层以上檐下斗拱出一跳四铺作，平座斗拱为一斗三升，柱头斗拱加抹角拱，檐下用枋承托椽飞，檐部八角用木角梁。三层以上角梁均饰琉璃套兽。下挂风铎，塔身腰檐用方砖铺面，平座饰勾栏，栏板用砖砌成条状，望柱顶端呈圆球形。第四层塔身南面造一佛龛。

塔顶呈八角攒尖式，塔刹建在塔顶小型须弥座上，须弥座上为砖砌山花蕉叶，其内置铁铸八棱形覆钵，覆钵上饰四节铁铸塔刹。塔刹第一节顶端为莲花，第二、三、四节顶端为宝珠。

兴文塔为辽代建筑风格，又与辽代盛行的密檐式砖塔有所不同，继承了辽代建筑特色的同时又融合了宋代建筑的精巧、华丽，具有较高的历史价值和艺术价值。2006年，兴文塔被国务院公布为第六批全国重点文物保护单位，时代为辽。

兴文塔全景（由东南向西北拍摄）

龙兴观道德经幢南立面

龙兴观道德经幢西立面

龙兴观道德经幢

Dao De Jing Pillar of Longxing Daoist Temple

龙兴观位于保定市易县城内西南隅，始建于唐景龙二年（708），历经宋、元、明各代，屡有兴废。道观内有“大元易州龙兴观宗支恒产记碑”和“明正统龙兴观宗支恒产形图”二碑，对元明两代龙兴观建筑规模、布局等情况进行了详细的记述。

龙兴观道德经幢是易县龙兴观的重要实物遗存，俗称“八棱碑”，高约7米，从下至上依次为须弥座、仰莲座、幢身、仰莲座、幢顶。除幢顶为青石外，其余皆为汉白玉雕刻而成。

幢座为一汉白玉石雕莲纹须弥座，最大直径1.57米，高0.6米。

幢身由两块汉白玉石雕刻而成，总高4.29米，直径0.90米，平面为八角形，每面宽0.4米至0.42米不等。幢身上部自东面起由左向右楷书“太上玄元皇帝《道德经》大唐开元神武皇帝注”，另有五面刻开元二十年（732）十二月十四日唐玄宗颁发的敕文，共205字。经幢下部各面依次镌刻老子《道德经》经文80章。幢尾题“易州刺史兼高阳军使赏紫金鱼袋上柱国田仁琬奉敕立”和“开元二十六年岁次戊寅十月乙丑朔八月奉敕建”。再下为历代达官、名人的题记，主要有清嘉庆甲戌（1814）寅六月知易州历城金铢属大兴翁方纲题记，清咸丰癸丑（1853）易州学正赵煊题记，清同治年间（1862—1874）直隶易州知州赵烈文、江阴邓嘉绩、山阴米承廉、大兴方恮、阳湖赵壁及弟赵栗题记，清宣统元年（1909）知易州事阳湖张寿岭题记等。

幢身上的石雕仰莲座，样式、尺寸皆与幢座相同。

幢顶，位于仰莲座之上，青石质，高0.38米，呈八角形，顶部平齐，原置放有构件，今已不存。从平顶八面雕出八脊，脊间刻瓦垄，再下刻檐板、飞檐和檐椽，角梁下有“一斗三升”形制斗拱承托。

龙兴观道德经幢造型简朴，典雅美观。幢上所刻老子《道德经》，字体刚劲飘逸、圆转流美，是唐代书法的上乘之作，也是校刊《道德经》的重要实物资料。1996年，龙兴观道德经幢被国务院公布为第四批全国重点文物保护单位，时代为唐。

圣塔院塔全景（由东南向西北拍摄）

圣塔院塔

Pagoda of Shengta Temple

圣塔院塔位于保定市易县县城西南五里的易州镇荆轲山村西，俗称“荆轲塔”。在其南部和北部，分别有南易水、中易水、北易水奔流而过。

《史记·刺客列传》载，荆轲者，其先人本齐国人，后徙于卫，故称“荆轲者，卫人也”。荆轲好读书、善击剑，曾游说卫元君，不被用。后又到赵都邯郸，亦不被用。到燕国后，与侠客高渐离相交甚厚，又得处士田光善待，于是受到燕太子丹的礼遇。在燕国面临危机时，携樊於期人头和燕国膏腴之地督亢地图，到秦国行刺秦王嬴政。此举无异于以卵击石。于是“太子及宾客知其事者，皆白衣冠以送之……高渐离击筑，荆轲和而歌，为变徵之声，士皆垂泪涕泣”，留下了“风萧萧兮易水寒，壮士一去兮不复还”的千古绝唱。相传荆轲衣冠冢在易县荆轲山。辽乾统三年（1103）始在荆轲衣冠冢上建塔和寺院，之后历朝皆有重建修葺。

该塔为密檐实心砖塔，平面呈八角形，十三层，通高25.36米，由塔基、塔身和塔刹三部分组成。

塔基为双层束腰须弥座，第一层为素面，第二层施双杪五铺作砖雕斗拱，斗拱上承托栏板和望柱，其上置四层仰莲。束腰八角置雕花石柱，柱与柱之间

圣塔院塔西立面

雕刻飞天。

第一层塔身较高，仿木楼阁式，各角置四层砖雕塔柱，东、西、南、北辟拱券门，门上砖雕圆形铺首，其余各面均为直棂盲窗。八角均雕塔状倚柱，角柱上施阑额和普拍枋，其上施双杪五铺作砖雕斗拱，施转角铺作一朵，补间铺作一朵。其上承托檐檩，第一层檐为木椽，砖作飞椽，檐椽下挂风铎；二层以上各檐均为密檐式结构，叠涩砖砌出檐，无斗拱，每层檐各角用木质角梁装陶质套兽和方形铁质风铎。

塔刹由刹座、刹身、相轮、仰月、宝珠等组成。刹座由两层砖雕仰莲组成，上承铁质覆钵刹身，上置露盘。其上是五层相轮，刹尖由圆光、仰月、宝珠组成。

在塔西南方向，有明万历十四年（1586）丙戌五月御史熊文熙题“古义士荆轲里”碑一通；塔附近还存有“重修圣塔寺碑记”碑、“义士荆轲里”碑各一通。

圣塔院塔是宋辽文化碰撞、融合的见证，具有重要的历史研究价值。2006年，圣塔院塔被国务院公布为第六批全国重点文物保护单位，时代为辽。

圣塔院塔北立面

双塔庵双塔

South-North Pagodas at Shuangta Nunnery

双塔庵双塔位于保定市易县西陵镇太宁寺村北的半山腰上，由南塔和北塔组成，两塔相距约40米。

南　塔

南塔六角三层，实心式砖结构，通高11.93米，外形为密檐塔与喇嘛塔相结合的形式，由塔基、塔身、塔刹三部分组成。

双塔庵双塔全景（由东南向西北拍摄）

双塔庵双塔南塔（由西北向东南拍摄）

双塔庵双塔北塔（由东南向西北拍摄）

南塔塔基为砖砌六边形须弥座，分为台基、束腰、平座斗拱、勾栏、仰莲五部分。台基上斜面雕如意云头图案。束腰槏柱和角柱间为壶门，柱上均雕有莲花图案，底部为覆莲，上部为仰莲。束腰上承普拍枋及平座斗拱，每面施双杪五铺作补间斗拱一朵，上层华拱上无令拱，转角铺作于正侧两面各出60° 斜拱，其余与补间相同。交互斗上承耍头及檐枋，其上置勾栏地栿，六角均设勾栏望柱，平座勾栏大华板浮雕“卍”字和曲尺形几何纹饰。寻杖和盆唇之间是雕有缠枝西番莲、卷草、莲花、异兽等花纹图案的小华板，小华板之间置斗子蜀柱承托寻杖，平座以上用仰莲四层承托塔身。

南塔塔身在东南、西北两面设盲门，门券脸均有砖雕飞天装饰，门扇为四抹隔扇，三交六椀菱花心屉。塔身南侧、东北侧为两通无字砖碑，由碑额、碑身、碑座组成。碑额为两条盘龙互相缠绕；碑身为砖砌；碑座为砖雕赑屃形象，前肢、头颈、背甲线条流畅，栩栩如生。塔身北侧、西南侧设盲窗，心屉为双交四椀（斜交）菱花式样。塔身一层六角均设有六角形倚柱，倚柱呈经幢式，由柱基、柱身、柱头组成。柱基为仰覆莲式样，柱身分为两段，中间有砖雕垂帐纹饰及仰莲相隔，柱头由砖雕出檐、两重仰莲承托宝珠组成。塔身上部饰有砖雕如意云头，每面中间亦饰有一朵。第二、三层塔身中部饰有砖雕如意云头，上部为出檐。第三层最上为两层叠涩内收于塔刹覆钵。

南塔塔刹构造与喇嘛塔式样相似，由覆钵、出檐仰莲、相轮、宝珠、刹杆组成。覆钵上部表面相对于下层塔体每角饰有一如意云头砖雕纹饰。覆钵上承托出檐覆莲，出檐为六边形，最下面为一层直檐，直檐上为束腰部分。束腰每角有角柱，在东南、北、西北、西南四面均镶嵌有圆形饰物，南、东北两面为槏柱。束腰上部为一层直檐，再上为一层枭砖和一层盖板砖。盖板砖上内收于双重仰莲，仰莲上承相轮十三层，再上又为双重仰莲，承托宝珠，宝珠顶部出砖质刹杆。

北　塔

北塔八角十三层，塔体除一层设塔心室外，其上层为实心式砖结构，外形为密檐式，通高17.4米，由塔基、塔身、塔刹三部分组成。

北塔塔基为砖砌八边形须弥座，分为台基、束腰、平座斗拱、勾栏、仰莲五部分。台基上斜面雕有如意云头的图案。束腰角柱为力士形象，每面槏柱呈“亞”字

双塔庵双塔南塔南立面

双塔庵双塔北塔北立面

形。角柱、槏柱间为壸门，内浮雕花草图案、真言字样等。束腰上承普拍枋及平座斗拱，每面施补间斗拱一朵，两侧出45° 斜华拱，华拱上无令拱，转角铺作斜出一道华拱。勾栏形制、雕刻与南塔基本相同。平座以上用仰莲三层承托塔身。

第一层塔身在东南面设门进入塔心室。东北、西北、西南三面设盲门，门券脸装饰飞天、双龙戏珠、缠枝牡丹、卷草等砖雕图案，每面盲门设四抹隔扇门两扇，三交六椀菱花心屉。其余四面设盲窗，西、北侧盲窗心屉为双交四椀（斜交）菱花心屉，东、南侧为三交六椀菱花心屉。塔身第一层每角均设有八角形倚柱，倚柱呈塔式，由柱础、柱身、柱头组成。柱础为仰覆莲式样，柱身分为三段，中间有砖雕出檐相隔，柱头由砖雕三重仰莲承托宝珠组成。塔身上部饰有砖雕如意云头，每面中间饰有一朵，其上置普拍枋，八角各施转角铺作，每面施单杪四铺作补间斗拱一朵，交互斗上托批竹昂式耍头及令拱，上置散斗托撩檐槫，撩檐槫在转角处出头。撩檐槫上架砖质檐椽、飞椽，椽子呈放射状均匀分布。八角各置大角梁及仔角梁，大角梁的前端，向内凹入如口状。枋上布置砖雕滴水，仿屋面檐部形式，滴水上部由四面逐层内收向中心，最后汇集于一点，呈穹窿顶形式。

第二层上部为四层砖叠涩出檐，每角均有木质角梁，被抹灰遮盖，檐上为屋面，每角设垂脊，垂脊结构简单，仅于普通瓦垄上又覆一层筒瓦而成，瓦垄尾部最后收于上层墙身处。三至十二层结构与第二层基本相同。第十三层上部为六层砖叠涩出檐，再上为屋面，每角设垂脊，垂脊结构简单，仅于普通瓦垄上又覆一层筒瓦而成，瓦垄尾部最后收于刹座。

塔刹由刹座、宝珠组成。刹座底部呈八角形，由三层直砖垒砌，其上有仰莲双重，再上为山花蕉叶一重，蕉叶底部呈圆形，上托宝珠。宝珠由八层青砖逐层缩减垒砌而成，外形呈桃形。

南塔造型奇特，覆钵式与传统砖塔相结合的构造形式，体现了辽金时期汉、藏佛教文化的交融；北塔造型挺拔，比例匀称，砖雕精美，是研究河北辽金古塔建筑艺术的重要实物遗存。2013年，双塔庵双塔被国务院公布为第七批全国重点文物保护单位，时代为金至明。

伍侯塔（由南向北拍摄）

伍侯塔
Wuhou Pagoda

伍侯塔北立面

伍侯塔位于保定市顺平县腰山镇南伍侯村西北隅。

据《保定府志》记载，西汉平阿侯王谭不肯从王莽之政，带其五子避于此地，东汉光武帝嘉之，封五子为侯，故名伍侯。清乾隆二年（1737）《完县新志》中亦有关于伍侯塔的记载。伍侯塔为辽代建筑，塔南曾有唐代寺院一处，有九重院落，占地百余亩，寺毁于民国初年。

伍侯塔为平面六角五级密檐式空心塔，总高22.5米，由塔基、塔身、塔刹三部分组成。

塔基由毛石基、砖基两部分组成。毛石基平面呈六边形，边长4米，是在对塔基加固修补中所留，总高0.9米，从内到外坡形，总长1.18米。砖基位于毛石基上，平面亦为六边形，高3.5米，底部周长15.48米。束腰均雕壶门，壶门内雕人物、鸟兽、花卉等图案。平座每角有望柱，每块栏板均有雕刻。

塔身分为一层塔身和五层塔檐。一层塔身平面呈六边形，立于平座之上，南北两面为砖雕假门，为四抹两扇，左右为佛龛；其余四面均为砖雕盲窗。塔檐除第一层外，其余四层均座于两层仰莲之上。五层檐均为仿木结构。每层塔檐置有阑额、普拍枋，枋上为四铺作斗拱。五层塔檐之上为六角攒尖式绿琉璃瓦顶，顶部塔刹缺失。

伍侯塔的雕刻采用浮雕或圆雕手法，造型丰满，刀法流畅。塔的各层外檐及塔刹均为琉璃构件，这在同时期的同类建筑中是不多见的。2013年，伍侯塔被国务院公布为第七批全国重点文物保护单位，时代为辽。

修德寺塔全景（由南向北拍摄）

修德寺塔
Pagoda of Xiude Temple

修德寺塔位于保定市曲阳县恒州镇小南关村的修德寺遗址内，距北岳庙西南约200米。

修德寺始建于隋朝仁寿年间（601—604），时称恒阳寺。宋、明、清等时期均有维修。民国时期，寺内建筑尽毁，现仅存修德寺塔、部分建筑基址和石造像。

修德寺塔坐落在寺院南部的方形高台上，平面呈八边形，六层，高33.68米，为花塔与楼阁式相结合的砖塔。

塔基座平面为正八边形，边长3.46米，八角下部以条石垫砌。基座顶部砖雕二层仰莲和砖檐，用于承托塔身。

塔身第一层正面开辟拱形券门，内供佛像，塔身素面。上部挑出莲瓣三重，构成塔檐。檐上设壶门平座，每面壶门三个，平座承托第二层塔身。

第二层较高，各面围砌出五层形制相同的方形小塔，每层24个，共120个。每个小塔下均设莲座、塔身、塔檐、塔刹，造型别致。塔身上部砖雕莲瓣七重、叠涩砖檐五层，出檐较深。

第三至六层为楼阁式。第三层南面设券门（可进入塔心室），塔身其余三面辟假券门，内设佛台，供奉佛像（现佛像无存）。塔心室平面为八边形，室内设佛台、佛龛供佛像，佛龛内有壁画。墙面上有题字，塔内为叠涩穹窿顶。

第四层、第五层四正面设假券门，四层四斜面中部为

修德寺塔北立面

修德寺塔二层塔身（由东南向西北拍摄）

砖雕花饰盲窗，五层四斜面为素盲窗。第四层、五层塔身上部均为叠涩出檐，平面收顶。

第六层四正面设假门，只砌出门框，不设券洞。四斜面为素墙面。墙体上部以叠涩出檐、筒板瓦屋面收顶，顶中部砖砌八边形须弥座，饰蕉叶等纹饰，蕉叶之上为塔刹金珠。

修德寺塔，下为花塔式，上为仿楼阁；其塔身的五层小佛塔，造型别致，结构独特，是花塔中的殊例，极为珍贵，是研究宋代寺塔建筑的重要实例。2006年，修德寺塔被国务院公布为第六批全国重点文物保护单位，时代为宋。

北岳庙

Beiyue Temple

北岳庙位于保定市曲阳县恒州镇小南关村，北距定窑遗址30公里，距大茂山（古北岳恒山）70公里。

北岳庙，汉称北岳祠，唐称北岳神庙、北岳安天王庙，宋称北岳安天元圣帝庙，元称北岳安天大贞元圣帝庙。明时去掉历代所加封号，改称北岳庙，一直沿用至今。

唐开元二十三年（735），定州刺史段愔对该庙进行增拓改造。五代后梁贞明二年（916），定州刺史王处直曾重修北岳庙。宋淳化元年（990），庙宇遭焚毁；淳化二年（991），宋太宗下诏重修。宋绍圣四年（1097），因大殿前“褊迫不可周旋”，

北岳庙朝岳门（由南向北拍摄）

北岳庙全景（由南向北拍摄）

增设大殿引檐。元代初年，元世祖特重修北岳庙，现德宁之殿于至元七年（1270）完成。明嘉靖十五年（1536），重修北岳庙时增建御香亭（即敬一亭）。明嘉靖二十六年（1547），制“北岳庙图”碑于大殿之前。清康熙二十四年（1685）、乾隆三十年（1765）、道光二十四年（1844）和光绪二十三年（1897），均有修缮。20世纪30年代，北岳庙的规模及遗存已基本为现今状况。

现北岳庙中轴线建筑由南向北依次为登岳桥、神门遗址、牌坊遗址、朝岳门、御香亭、凌霄门、三山门、飞石殿遗址、德宁之殿；中轴线两侧有东昭福门、西昭福门、牌楼、碑亭等建筑。除此之外，北岳庙内还保存有大量不同时代的重要碑刻。

德宁之殿，为北岳庙的主体建筑，位于寺庙中轴线最北端，坐北朝南，是五岳祭祀建筑中规格最高的建筑，也是我国现存元代木结构建筑中体量最大的建筑。德宁之殿“殿身七间，副阶周匝，金厢斗底槽”，重檐庑殿琉璃瓦剪边屋顶，高25米。德宁之殿台基高2.9米，台基前施大月

北岳庙御香亭（由东南向西北拍摄）

北岳庙三山门（由南向北拍摄）

北岳庙凌霄门（由南向北拍摄）

北岳庙飞石殿遗址（由西北向东南拍摄）

北岳庙德宁之殿（由南向北拍摄）

台，台基和月台四周有汉白玉石栏杆环绕。望柱上雕有姿态各异的石狮，形态逼真，栩栩如生。大殿平面布局采用减柱、移柱的做法。殿内外墙四壁及后扇面墙上均绘有大幅精美壁画。壁画内容为道教题材，使用沥粉贴金技术，画面构图讲究，画技精湛。

北岳庙德宁之殿内壁画人物众多，形态生动，山水气势磅礴，内容丰富，情节复杂。其画幅宽大、构图精美、气派宏伟，是研究我国古代壁画的宝贵资料。北岳庙内至今保存有碑、碣200余通，南北朝、唐、宋、金、元、明、清至民国碑刻俱有，碑文字体隶、草、行、楷、篆俱全，内容涉及建筑、诗词、历史事件、历史人物、古代官职和机构等诸多方面，是研究历史文化及书法艺术重要的实物资料。1982年，北岳庙被国务院公布为第二批全国重点文物保护单位，时代为元。

北岳庙德宁之殿西壁壁画（由东南向西北拍摄）

腰山王氏庄园全景（由南向北拍摄）

腰山王氏庄园
Wang's Manor at Yaoshan

腰山王氏庄园位于保定市顺平县腰山镇南腰山村，距顺平县城10公里。

腰山王氏庄园依山而建，因其北部的腰子山而得名，是河北省境内现存规模最大的一处私人庄园，始建于清顺治初年，为武官王锡衮所建。

腰山王氏庄园原貌呈长方形，东西宽368.5米，南北长504.1米，占地面积近18.6万平方米。四周原有5尺厚围墙，上有垛口、更道，外有护庄沟，内有马道。整个庄园由三道东西内街隔成四大部分，自北向南依次为北园、中园、南园、场院。北部分三

腰山王氏庄园南园梦和堂门房（由南向北拍摄）

腰山王氏庄园中园院落（由南向北拍摄）

腰山王氏庄园南园梦和堂门房（由北向南拍摄）

大园（即北园、中园、南园）为住宅区，建有成套院落50余座，各类房屋500余间。南部是场院，设有收租院、仓房院、车马院等。庄园中街东西两头各有一座庄门。

目前北园尚存三进院，中园现存两个单独院。南园保存最完整、规格最高，现存两路建筑。庄园整体建筑遵循清代传统规制，依据中轴对称、前堂后寝的建筑布局构成多重院落。院落之间以墙相隔，以垂花门、随墙门相互贯通，形成院内套院、门内有门、厅堂后院的格局。石雕、砖雕、木雕图案精美，题材繁多，内涵丰富，实用美观，具有很高的艺术价值。

腰山王氏庄园历史悠久，文化内涵丰富，建筑精美而独特，是研究清代礼制、当地文化习俗和建筑艺术的重要实例。2001年，腰山王氏庄园被国务院公布为第五批全国重点文物保护单位，时代为清。

解村兴国寺塔（由东南向西北拍摄）

解村兴国寺塔

Pagoda of Xingguo Temple at Xiecun

解村兴国寺塔位于保定市博野县程委镇解村小学院内，建于唐景龙四年（710）。该塔平面呈方形，十五层，通高7.51米，为石质实心密檐塔，由塔基、塔身、塔刹三部分组成。

塔基由三层方石叠砌而成，逐层内收。第一层塔身由石板拼接而成，南面辟拱形门，门内侧上下凿有方形孔，两两相对。门上雕火焰、花蕾、卷云纹饰。券门两侧雕有持剑守护神，东侧守护神左手上举，西侧守护神右手上举，姿态与龙门石窟金刚像相似。上方饰尖拱额，设塔心室，室内正壁上雕刻一佛二弟子，并刻有“景龙四年”等字样。第二层至第十五层檐均为石雕叠涩檐。塔刹现仅存圆形柳斗式刹座，刹座顶面存一方孔，当为刹杆的扦孔。

解村兴国寺石塔保存完好，比例匀称，雕刻精细考究，是研究唐代建筑和雕刻艺术的重要实物资料。2006年，解村兴国寺塔被国务院公布为第六批全国重点文物保护单位，时代为唐。

解村兴国寺塔北立面

永安寺塔全景（由南向北拍摄）

永安寺塔

Pagoda of Yong’an Temple

永安寺塔位于保定涿州市刁窝乡塔照村北，为八角七层密檐式砖塔，由塔座、塔身、塔刹三部分组成，现存残高约19米。

塔座为束腰须弥座式，束腰处曾有壶门，现已无存。座上枋置仿木构斗拱，每面三朵承托平座，周匝雕仿木勾栏，现仅存局部。平座之上为三层仰莲莲台，莲瓣部分残缺。

塔身八面八角，皆饰以仿木砖质构件。塔身每面各角置砖雕幢形壁柱。东、南、西、北四面辟券门，券楣饰砖雕卷叶纹。除正南面为券洞，其他三面皆为假隔扇门。四隅面辟直棂盲窗，窗楣上镶方形梵文石刻。因五层以上塔檐及塔刹残损缺失，按现存状况估测原塔应为七层。由塔身往上第一层檐为砖仿木式构架，以上六层均为砖质叠涩出檐。第一层檐普拍枋下置砖雕如意云纹挂落，每面四幅。普拍枋上置砖雕斗拱，每面三朵，檐枋上排列木质檐椽，木椽头及角梁头均有吊挂风铎穿孔。七层塔檐的角梁均为木质。五层以上塔檐及塔刹残损缺失。

永安寺塔北立面

永安寺塔是辽代密檐式佛塔的经典代表作之一，整座塔的造型巧夺天工、独树一帜，具有很高的历史价值和艺术价值。2013年，永安寺塔被国务院公布为第七批全国重点文物保护单位，时代为辽。

涿州双塔全景（由东南向西北拍摄）

涿州双塔

Twin Pagodas at Zhuozhou

涿州双塔位于保定涿州古城东北隅，两塔南北对峙，相距约260米。南塔为智度寺塔，建于辽太平十一年（1031）；北塔为云居寺塔，建于辽大安八年（1092）。两塔均因寺得名，在辽、金、明、清时期均有不同程度的修葺。

智度寺塔

智度寺塔为仿木构楼阁式砖塔，平面为正八边形，五层，高约44米。

塔基由须弥座和五铺作平座斗拱组成。塔身分五层，每层均由平座斗拱、墙体、檐部斗拱、瓦顶四部分组成。平座斗拱五铺作偷心造，四正面均以八角形槏柱分隔为三间，当心间辟拱券门。四斜面当心间作破子棂盲窗，各层柱头贯以阑额、普拍枋，其上施双杪计心五铺作斗拱。各面补间铺作三朵，除一层补间带斜华拱外，其余各层均不带斜华拱。各层设木质角梁，端部悬挂风铎。一层设六角形塔心室，双环内外壁结，条砖叠涩顶。二至四层为穿心式结构。各层塔心柱外设八角形回廊，八角形塔心砌体的四个正面有佛

智度寺塔东南立面

智度寺塔全景（由西向东拍摄）

云居寺塔全景（由北向南拍摄）

龛，塔内现存一尊石佛像和两个石莲花座，佛像头部缺失。五层内设塔心室，为穹窿顶，回廊顶部为半圆形券顶。塔顶为八角形须弥座，上覆山花蕉叶，其上置铸铁塔刹。

云居寺塔

云居寺塔系楼阁式砖塔，平面为正八边形，六层，通高约56米。

云居寺塔由塔基、塔身和塔刹组成。塔基由素面台基、须弥座、平座勾栏和素面莲台组成，须弥座束腰部分各面设壶门五个，上施平座斗拱。各层塔身每面分三间，每面分间有平柱两根，东、南、西、北四正面中间开圆形拱券门，其余各面均作直棂窗。各层塔檐上均有平座，各个部位均用砖作且极力模仿木结构式样。塔身每层向上递减，斗拱式样富于变化。塔内结构为巨大的砖质中心柱，内设砖砌阶梯，可直达上层。塔刹刹座为八角须弥座，上覆山花蕉叶，其上置铸铁葫芦形塔刹。

涿州双塔造型优美，雕刻精细，相映成趣。清代杨衔在《云居寺双塔》中写道："金鸦开翅维摩宫，画出白塔檀云中。七盘银嬴倚碧宇，天外绰约双芙蓉。"涿州双塔两座古塔历史悠久，具有重要历史、艺术及科学研究价值。2001年，涿州双塔被国务院公布为第五批全国重点文物保护单位，时代为辽。

云居寺塔南立面

金门闸全景（由西南向东北拍摄）

金门闸鸡心垛绞关石

金门闸乾隆题诗碑（清乾隆三十八年）碑阳

金门闸
Jinmen Water Gate

金门闸位于保定涿州市东北部义和庄乡北蔡村北3.5公里永定河右岸。

金门闸创建于清康熙四十年（1701），原址在北京市房山区窑上村北永定河右岸，清乾隆三年（1738）移建于现址。金门闸原为一道横在永定河堤口的坝，以坝位高低控制水量。自清宣统元年（1909），金门闸改建为水闸，一直保存至今。

金门闸以花岗岩条石砌筑，南北长161米，东西宽62.7米。闸的主体由南北金刚墙及其间的十四座鸡心垛组成。金刚墙长28.6米，高8.5米；十四座鸡心垛置于高5.8米的龙骨之上，形制、规模相同，均匀列于金刚墙之间，形成十五空石闸，每空宽4.35米。鸡心垛迎水面（东向）砌成等腰三角形以为分水，每垛长6.02米，宽2.52米，高2.7米。垛顶斜置绞关石四根。金刚墙与雁翅墙衔接处置镇水兽四尊，迎水面为瑞兽一对，顺水面为神牛一对。水闸石坝台、石雁翅、石鸡心垛、石龙骨、石坦坡、石海墁所用块石之间均由银锭扣相连接。

闸之南坝台的碑房内现保存乾隆题诗碑、乾隆三十八年浚淤碑、道光上谕碑、同治重修减水石坝碑及宣统重建金门闸碑各一通。闸北侧为防汛公所、闸板房等建筑基址。

金门闸作为清代永定河分洪减灾的大型水利设施，虽因永定河干涸而废置多年，但它在历史上为保卫京师和永定河两岸的百姓发挥过重要作用。金门闸凝聚了古代劳动人民的聪明才智，体现了人们抗御自然灾害的不屈精神。2006年，金门闸被国务院公布为第六批全国重点文物保护单位，时代为清。

药王庙全景（由西向东拍摄）

药王庙

Yaowang Memorial Temple

药王庙位于保定安国市区药王庙大街东侧（原县城南关）。

药王庙，是纪念医药界历史名人的庙宇，经历代扩建修葺，建筑结构严谨，布局协调统一，形成了独具中医药文化风格的古建群。

药王庙平面呈长方形，坐东朝西，占地面积约1万平方米。整体建筑分三进院落，分前院、中院、后院，沿中轴线建筑有牌楼、马殿、垂花门、墓亭、药王殿（正殿）、寝殿（后殿），中轴线南北为旗杆、石狮、钟鼓楼、南北碑房和南北名医殿。整座庙宇布局严谨，高低错落，左右对称，协调统一，古朴稳重。

庙门前立牌楼，四柱三楼式琉璃庑殿顶，高8.4米。牌楼正面额书“显灵河北”及背面额书“封加南宋”各四个贴金大字。牌楼两侧为铸铁旗杆和石狮。

穿过牌楼，第一座建筑为马殿。明间为正门，门楣上悬有“药王庙”额，笔迹遒劲凝重，为清嘉庆年间体仁阁大学士刘墉题写。马殿面阔三间，进深四椽，后带出廊，硬山顶抬梁式结构。殿内南、北各立泥塑战马一匹，南白北赤，马前各有两个马童。

在前院内，南北分列钟楼、鼓楼，均为重檐歇山布瓦顶，二层上置放钟、鼓；两楼南北相望，大小一致，规矩相同。

穿过垂花门进入中院。垂花门为悬山琉璃瓦顶，两侧建有单面廊。院落正中为药王邳彤之墓，歇山琉璃瓦顶，亭内立一通套色穿龙透花枣木碑，上刻“敕封明灵昭惠显佑王之墓”

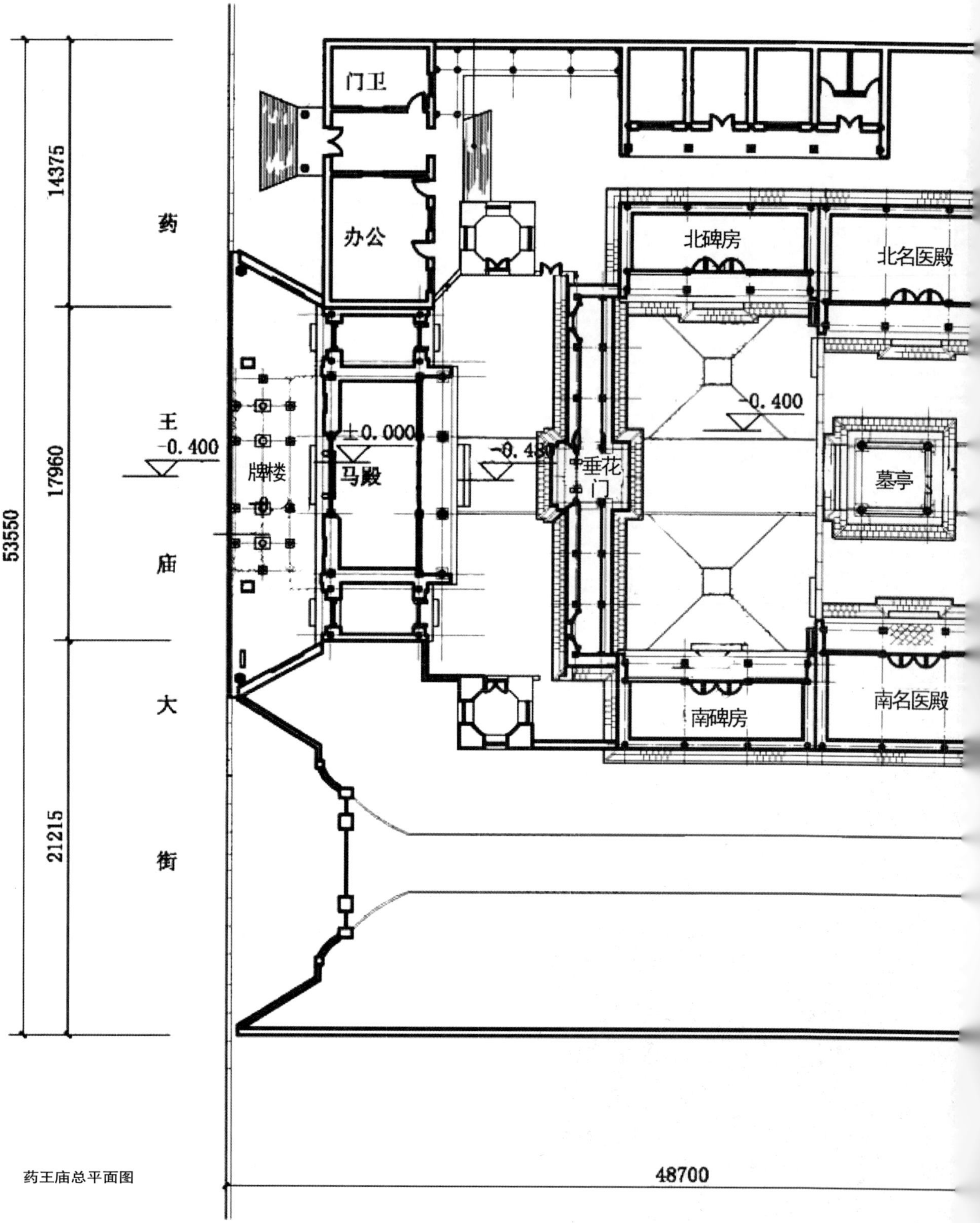
14375
17960
21215
53550
药
王
庙
大
街
-0.400
门卫
办公
牌楼
马殿
±0.000
-0.480
垂花门
北碑房
南碑房
-0.400
北名医殿
墓亭
南名医殿
48700

药王庙总平面图

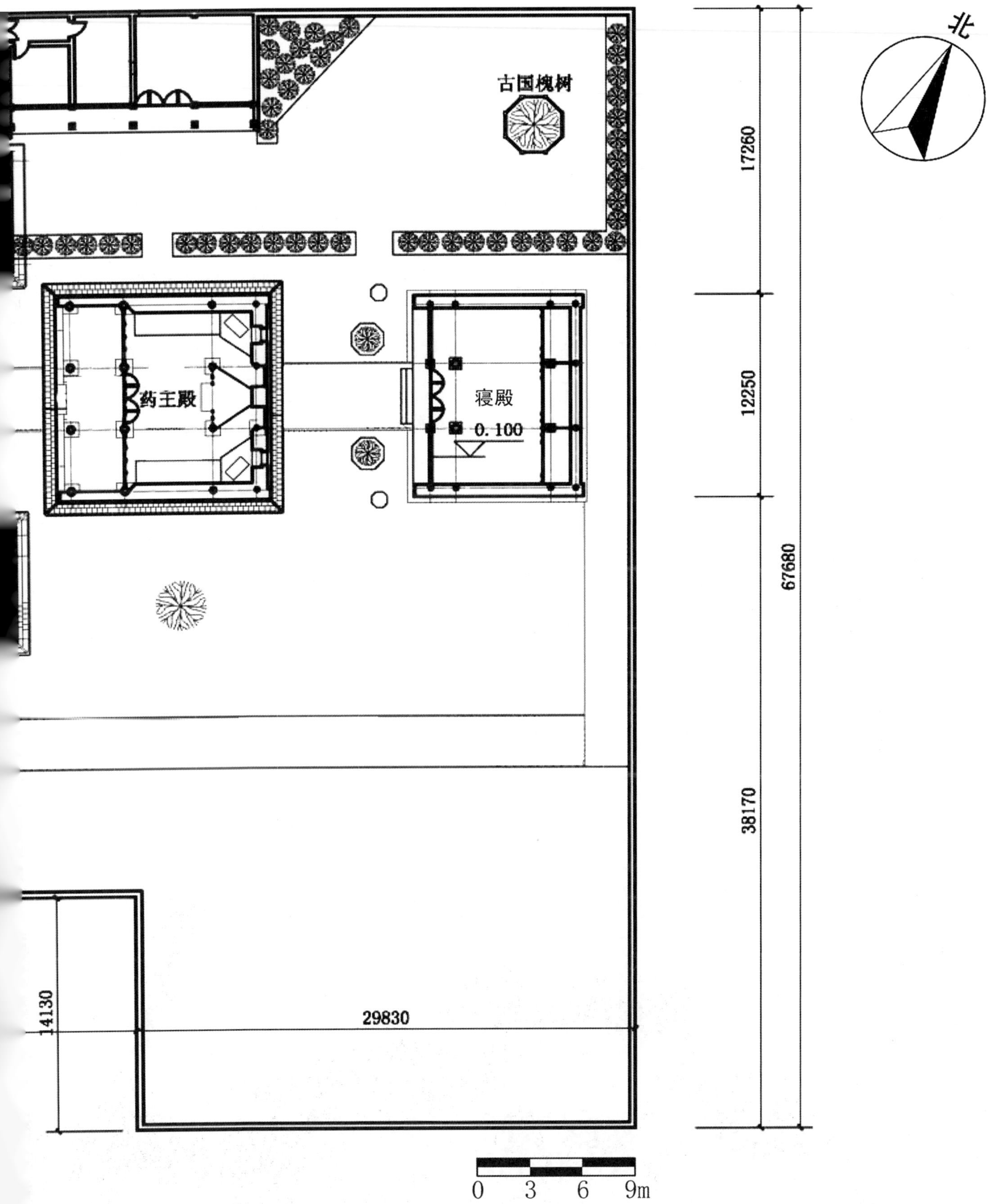

北
古国槐树
药王殿
寝殿
0. 100
17260
12250
67680
38170
14130
29830
0 3 6 9m

十一个贴金大字。

墓亭前和南北两侧的碑房内，石碑林立，匾额盈壁。墓亭南、北两侧为名医殿，殿内供奉我国古代十大名医像，北殿内为华佗、孙林、张子和、张介宾、刘完素的塑像；南殿内为扁鹊、张仲景、孙思邈、徐文伯、皇甫谧的塑像。

墓亭再东，为药王殿。大殿面阔三间，进深三间，前抱厦，露明造，硬山琉璃瓦顶。殿内泥塑彩绘像11尊；正位药王像，黄袍金面，手持圭牌，神态庄严。

后殿为药王寝殿，面阔进深各三间，砖木结构，单檐硬山琉璃瓦顶。室内正中为药王便装像，两旁为药王夫人及侍女塑像。山墙山尖处绘有八仙过海及其成仙前济世救人故事，为明代遗存，虽经数百年沧桑，依然清晰如初。

药王庙是我国为数不多的纪念历史医圣的宏大古建筑群体，其内碑刻林立，匾额荟萃，壁画精美，雕刻精细，具有较高的历史价值、艺术价值和科学研究价值。2001年，药王庙被国务院公布为第五批全国重点文物保护单位，时代为明、清。

药王庙牌楼（由西向东拍摄）

开善寺
Kaishan Temple

开善寺位于保定高碑店市旧城城址东北角。

开善寺坐北朝南，南北长100米，东西宽95米。中轴线由南至北依次为金刚殿、天王殿、大雄宝殿。大雄宝殿前方东西两侧分别为伽蓝殿和祖师殿基址。

金刚殿为寺内第一座建筑，兼做山门，原供奉金刚力士像，现已不存。殿面阔三间，进深六椽，前后出廊，硬山布瓦顶。建筑明间两缝梁架为五架梁前后带抱头梁，两山面为五架梁下使用中柱。檐下不施斗拱。

开善寺全景（由东南向西北拍摄）

开善寺大雄宝殿（由南向北拍摄）

天王殿，面阔三间，进深六椽，硬山布瓦顶建筑。殿内原供奉弥勒佛和四大天王，现已不存。梁架结构采用减柱和移柱手法，明间两缝梁架为四步梁后带双步梁，两山使用通天中柱。脊檩下置垫板和随枋，上下金檩下则只用随檩枋。

大雄宝殿，面阔五间，进深六椽，单檐庑殿布瓦顶建筑。大殿坐落在高大的台基上，前施宽大的月台。除正面踏跺外，月台两侧有抄手踏跺。大殿梁架结构为抬梁式彻上露明造，采用减柱、移柱造手法，殿内只施四根柱子，室内空间宽阔。当心间梁架为四椽栿带乳栿前后用三柱，梁栿插入金柱内，下部托有两层拱形替木。次间为前后三椽栿相对施中柱，中柱上立大斗及拱件承托上部梁栿。梢间梁架较复杂，山面柱头铺作上承托的丁栿搭在次间三椽栿上，在前后檐梢间承椽枋与丁栿间添设一根趴梁，梁上置大斗承托前后檐与山面下平槫的交点。最具特点的是正脊的尽端在明次

开善寺金刚殿正立面

开善寺天王殿正立面

间两缝梁架之间，不用太平梁，而只用两根大叉手斜撑于脊槫两侧。檐下斗拱共计三十二朵，柱头铺作为五铺作重拱计心造，补间铺作每间设一朵，不使用栌斗，而是在普拍枋上立蜀柱，上承大斗，泥道拱和慢拱均为隐刻拱。

开善寺大雄宝殿是目前仅存的八大辽代木构建筑之一，其结构做法、用材比例、法式特征等极具特色，在中国古代建筑史上占有重要地位。大雄宝殿造型舒展，斗拱疏朗，比例匀称，梁架简洁精致，结构科学合理，是研究辽代木构建筑结构的重要实例。1996年，开善寺被国务院公布为第四批全国重点文物保护单位，时代为辽。

清西陵泰陵全景

清西陵

Western Tombs of Qing Dynasty

清西陵位于保定市易县城西15公里处的永宁山下，距北京约120公里。

清西陵始建于清雍正八年（1730），完工于1915年，其间185年，相继建成皇帝陵4座（雍正、嘉庆、道光、光绪）、皇后陵3座、妃园寝3座，以及王爷园寝2座、公主园寝1座、阿哥园寝1座，共计14座陵寝。

清西陵陵区内各陵园共用祖山、石牌坊、大红门，周围均用风水围墙和火道、界桩围绕。陵寝布局有主有从，皇后陵和妃园寝以帝陵为中心，分建左右，自成一区，体现附从关系。各帝陵神道均与主陵神道相接，后陵神道与本朝帝陵神道相接，形成枝状的神道网络。

清西陵陵区以清世宗雍正帝的泰陵为中心，西面分布着清仁宗嘉庆帝昌陵和清宣宗道光帝慕陵，东面分布着清德宗光绪帝崇陵、阿哥园寝、公主园寝和永福寺等建筑。

清西陵规制与清东陵基本相同。进入陵区，首先为一座五孔石桥，桥

清西陵泰陵石牌坊

清西陵慕陵石牌坊

清西陵昌陵全景

清西陵崇陵全景

清西陵昌陵隆恩殿

清西陵崇陵方城明楼

清西陵慕陵圣德神功碑亭

北为三座精美高大的石牌坊和一条宽约10米、长约2.5千米的神道贯穿陵区全部。自南向北依次建造石牌坊、大红门、具服殿、圣德神功碑楼、七孔石拱桥、石像生、隆恩门、隆恩殿、方城明楼和宝顶等一系列石雕和建筑。

清西陵展示了18世纪30年代至20世纪初期中国陵寝建筑艺术风格及皇家宗教信仰的重大发展变化，对中国古代陵寝建筑艺术的创新与发展有重要贡献。1961年，清西陵被国务院公布为第一批全国重点文物保护单位，时代为清。2000年11月，清西陵作为明清皇帝陵寝的组成部分，被联合国教科文组织列入《世界遗产名录》。

遇见：河北古建筑

ACQUAINTANCE
Ancient Architecture of Hebei Province

张家口市

佛真猞猁迤逻尼塔全景（由南向北拍摄）

佛真猞猁迤逻尼塔

Dharani Sutra Sarira-Stupa

佛真猞猁迤逻尼塔位于张家口市宣化区塔儿村乡塔儿村西北，为六角十三级实心密檐式砖塔，通高20米，由塔基、塔身、塔刹三部分组成。

塔基六角形，条石包砌。南设七级台阶。

塔身第一层较高，南北两面开门，南立面门上镶嵌塔铭，镌刻“佛真迤逻尼塔”和“天庆七年岁次”字样，另四面设破子棂盲窗。六角砌圆柱，普拍枋与阑额插于柱间。柱头上直接坐栌斗，上施双杪五铺作斗拱，每面补间一朵，转角各一朵。令拱作替木形，上承挑檐槫、枋，造型古朴。塔刹为六角仰莲，上置覆钵形宝珠，再上部分残缺。

佛真猞猁迤逻尼塔各层之间用如意云头分成三壶门，平砖叠涩出檐，密檐逐层递减，形成挺拔优美的外形轮廓，建筑结构精巧，风格别致，独具匠心。2013年，佛真猞猁迤逻尼塔被国务院公布为第七批全国重点文物保护单位，时代为辽。

佛真猞猁迤逻尼塔北立面

宣化柏林寺全景（由南向北拍摄）

宣化柏林寺

Bailin Temple at Xuanhua

宣化柏林寺位于张家口市宣化区崞村镇柏林寺村西南。

宣化柏林寺又称石佛寺，“新建古山石佛寺碑”碑文记载，该寺“始建正德壬申正月”，即明正德七年（1512）。清嘉庆年间（1796—1820）增建三官圣境、龙王殿及禅房。现柏林寺主要由大雄宝殿、地藏殿、西佛洞、千佛洞、东佛洞、多宝佛塔等部分组成。

寺内依山建有上下两层砖木结构硬山顶建筑，坐北朝南。上下各一室，下层为三官殿，上层为大雄宝殿。

西佛洞，位于大雄宝殿西北侧，宽6.5米，进深5米，高3米。佛龛上浮雕“太子游四门”。佛殿正中为释迦牟尼佛，跏趺坐于莲花座上，装饰雕刻精细华丽，衣纹线条流畅自然。阿难尊者、迦叶尊者、文殊菩萨、普贤菩萨及常侍分列于释迦牟尼佛的两侧。

千佛洞，位于大雄宝殿东侧，宽3.5米，进深4米，高3米，彩绘穹窿顶，正中由东向西分别为盘古佛、燃灯佛、迦舍佛。洞的两侧各有一尊佛像，东为孔雀王菩萨，西为大冥王菩萨。墙

宣化柏林寺多宝佛塔南立面

宣化柏林寺西佛洞（由南向北拍摄）

宣化柏林寺西佛洞正壁

宣化柏林寺千佛洞（由东南向西北拍摄）

宣化柏林寺千佛洞洞内

宣化柏林寺东佛洞（由南向北拍摄）

宣化柏林寺东佛洞洞内

宣化柏林寺大雄宝殿（由东南向西北拍摄）

四壁龛内浮雕小型佛像四十三尊，阁东壁碑文记载：“大明隆庆元年上至隆庆四年修造燃灯佛殿圆满……”等字样。

东佛洞宽5米，深5米，高3米。佛洞正中佛龛内，药师佛手捧宝塔结跏趺坐。四壁佛龛内浮雕小型佛像一百零八尊。佛洞内，侧面墙壁碑文记载，多宝佛塔与东佛洞建于明嘉靖十五年（1536）。

多宝佛塔高约12米，耸立于东佛洞之巅。该塔为实心塔，五层八面，每面线刻有浮雕佛像。从塔基至第四层是由一块山石凿筑而成，第五层用本色石八块磨对砌筑。宝塔造型独特，古朴典雅，为柏林寺一大胜景。

宣化柏林寺整体建筑随形就势，错落有致，形制独特。2013年，宣化柏林寺被国务院公布为第七批全国重点文物保护单位，时代为明至清。

蔚州玉皇阁全景（由东南向西北拍摄）

蔚州玉皇阁

Yuhuang Pavilion at Yuzhou

蔚州玉皇阁位于张家口市蔚县县城北城垣之上。始建于明洪武十年（1377）。

玉皇阁坐北朝南，分前后两院，布局严谨，殿宇宏丽，气势壮阔。中轴线由南向北依次为牌楼（不存）、天王殿、山门、玉皇阁大殿。

前院天王殿面阔三间，进深两间，硬山顶，屋内脊檩下题“大明万历二十八岁次庚子冬朔月旦元吉创立”。两侧各有小式硬山布瓦顶随墙门一个。东西有禅房各三间，硬山布瓦顶。

拾十八级石砌台阶而上，台阶两侧为庖厨井臼厦六间，并巧妙地利用地形高差，采用单坡屋顶。

过山门即达后院城垣之上，两院高差约3.2米。山门两侧分别为钟、鼓二楼，正面为玉皇阁大殿。

钟、鼓二楼平面皆为方形，面阔进深各三间，重檐歇山布瓦顶。钟鼓楼大木构架特点主要有四个方面。一是下层檐翼角处不用老角梁，而是将递角梁水平延伸，竖直位置亦抬高一檩径（坐落在搭交檐檩之上），形成冲翘；二是下层只有檐椽而无飞椽；三是与上檐搭交檐檩成 45° 角置一构件，内搭在抹角梁上，外上部分向外延伸成老角梁，下部坐落在搭交檐檩上，最外端由擎檐柱支撑，其作用相当于挑檐檩，这样使得钟鼓楼上檐虽无斗拱，却出檐很大，显得飘逸洒脱；四是重檐歇山中金檩坐落在上述构件上方，形成稳定的悬挑结构，金檩同时兼有踩步金的作用，承接山面檐的后尾。

玉皇阁大殿面阔五间，进深四间，设腰檐一道，复设回廊平座，外观三层，而实为两层，重檐歇山绿琉璃瓦顶。玉皇阁下檐共有柱 38 根，包括檐柱18根，金柱10根，东、西、北廊间内置柱8根，明间置中柱2根，柱础石均与墁地砖平。其中檐柱两侧升起微显，10根金柱均为通柱，柱网排列采用移柱造手法，保证明间前部的空间开阔。上层檐共用柱42根，包括上下层通用金柱10根，中柱2根，次间内柱共4根（支撑抹角梁），其余26根为腰檐檐柱。腰檐檐柱断面有方有圆，可能为后期添补。殿内东西墙

蔚州玉皇阁（由南向北拍摄）

蔚州玉皇阁大殿（由东向西拍摄）

 蔚州玉皇阁鼓楼（由东北向西南拍摄）

蔚州玉皇阁大殿一层西壁壁画

上壁画内容丰富，色彩艳丽，人物造型栩栩如生。

玉皇阁始建于明洪武十年，距今已有 640 余年历史，虽经历重修，但玉皇阁主体结构为明初木构，是研究北方地区元末明初木构建筑的宝贵实物资料。大殿内保存下来的壁画内容丰富，精美绝伦，是不可多得的壁画艺术珍品。1996年，蔚州玉皇阁被国务院公布为第四批全国重点文物保护单位，时代为明。

南安寺塔全景（由北向南拍摄）

南安寺塔

Pagoda of Nan'an Temple

南安寺塔位于张家口市蔚县县城南门内西侧，为一座八角十三层实心密檐式砖塔，通高32.1米。由塔基、塔座、塔身和塔刹四部分组成。

塔基由石条垒砌，须弥座式，高2.5米。塔座为青砖砌筑，每面雕有兽头或福禄篆字，檐上围砌有密而均匀的仰莲瓣三周，塔身置于莲花座中。塔身第一层较高，各隅有塔柱。各角设浮雕倚柱，四正面置砖券拱形隔扇门，其上置阑额，阑额下垂一周如意云头，额上施斗拱，斗拱上托塔檐。另四面饰花棂盲窗，顶部雕盘龙，盘龙之上有砖仿木斗拱。往上各层较低，层层相似，依次上升。塔的外形轮廓呈现缓和的卷杀形状。各层出叠涩檐，布瓦收顶，不设门窗。每层四正面中间都镶嵌铜镜一面，各挑檐翼角下高悬铁风铎。塔顶砖雕仰莲，以承托塔刹。铁铸塔刹由覆钵、相轮、圆光、仰月、宝珠、宝盖等构成。

南安寺塔地宫内存有辽代舍利金塔、舍利银塔、彩绘四大天王木雕等。其中须弥莲座双重檐金舍利塔和须弥莲座双重檐银舍利塔堪称“双璧”，古朴庄重，造型精美，集艺术欣赏与历史研究价值于一身。

南安寺塔上下浑然一体，高峻挺拔，造型独具一格，是密檐式砖塔的代表性建筑。2001年，南安寺塔被国务院公布为第五批全国重点文物保护单位，时代为辽。

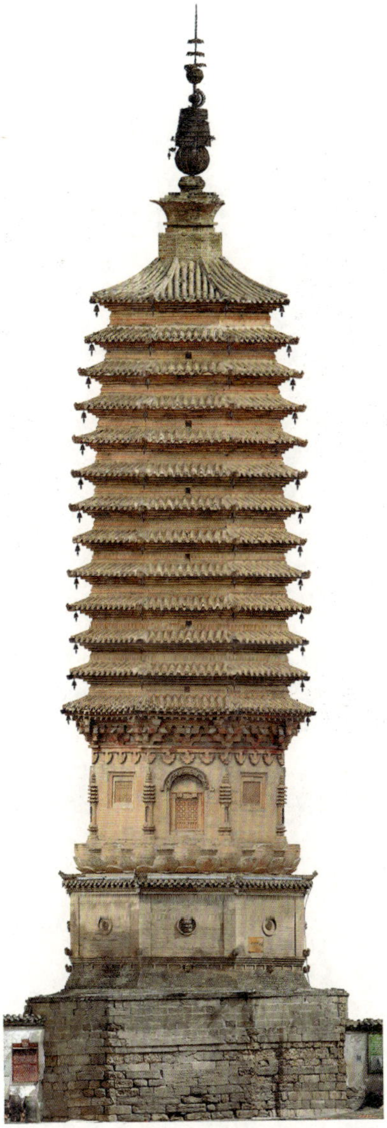

南安寺塔南立面

释迦寺大雄宝殿（由南向北拍摄）

释迦寺

Sakya Temple

释迦寺位于张家口市蔚县南关村内，俗称大寺或卧佛寺。

释迦寺坐北面南，占地面积约4900平方米，主院内中轴线上现存主体建筑三座，由南向北依次为天王殿（前殿）、大雄宝殿（中殿）及卧佛殿（后殿），东西两侧为配殿和禅房，卧佛殿两侧现存东西耳房和正禅房。原有牌楼、山门、钟鼓楼、金水桥等建筑已毁。此外，释迦寺东侧跨院内现存正房、西耳房及东西厢房四座建筑。

天王殿，始建于明代，面阔三间，进深三间，四架椽，后出廊。建筑整体为单檐硬山布瓦顶，另后檐两山各加二柱作出翼角与大雄宝殿呼应，即从背立面为歇山式。

大雄宝殿，始建于元代，为单檐布瓦歇山顶建筑。面阔进深各三间，减柱造，室内空间宽敞。台基为青砖砌筑，台基前施砖砌月台，月台之前正中位置以及与台基相连处两侧设踏步。大殿两山均为四柱，明间二缝梁架各用三柱，共计14根，其中12根皆属檐柱。柱身为卷杀柱，侧脚明显，柱网开间较大。明间开间约为柱高的1.66倍，甚为少见。檐下四周施四铺作单杪斗拱，斗拱用材讲究，比例适当。梁架结构为六椽栿，乳栿、劄牵相对，用四柱做法，四椽栿、平梁均为月梁做法，梁架结点处不施蜀柱，而是以襻间斗拱和驼峰连接。另外，歇山大木不用抹角梁而用丁栿承托，保留了早期木构建筑的做法。殿内天花藻井与建筑非同一时期所造。藻井施于明间前部、中部及次间中部，均为覆斗状，井壁和天花彩绘。井壁斗拱彩绘以青绿相间，斗子各面及明间中央藻井上段各跳拱之下

释迦寺天王殿正立面

释迦寺天王殿侧立面

皮均以金箔贴饰，整体造型精美，色泽华贵，为明代藻井之精品。

卧佛殿，始建于明代，清咸丰年间（1851—1861）重修，面阔三间，进深三间，建筑整体形式为单檐硬山布瓦顶，另其前檐两山各加二柱作出翼角与中殿呼应，从正面看，似歇山式。天王殿、卧佛殿前后各加之歇山式翼角，使释迦寺三大殿更加宏伟、庄严。

释迦寺历史悠久，殿宇建筑宏伟，殿堂保存完好。中殿保持了元代的结构和建筑风格，气势雄伟，富丽堂皇。2001年，释迦寺被国务院公布为第五批全国重点文物保护单位，时代为元、明。

释迦寺卧佛殿（由南向北拍摄）

金河寺悬空庵塔群全景（由南向北拍摄）

金河寺悬空庵塔群

Pagodas of Jinhe Temple–Xuankong Nunnery

金河寺悬空庵塔群位于张家口市蔚县常宁乡西金河村东小五台山北台东麓金河口峪内。

金河寺悬空庵塔群现存历世禅师灵塔四座。四塔分布在山阳山巅，自下而上依次为1号塔、2号塔、3号塔、4号塔。

1号塔为资中政公禅师灵塔，实心覆钵式，高约10米。塔基为叠涩砌方形须弥座，下部南北两面设门，各置石匾一块。南面石匾刻“资中政公禅师灵塔”，北面石匾刻“临济正宗二十四代资中政公塔铭”。塔身上部为方形，其上为圆柱五层相轮塔刹，顶部置汉白玉仰莲刹顶。

2号塔为六角形实心密檐塔，高约6米。塔基为六角形砖砌须弥座，塔身第一层较高，南立面设隔扇门，门上部嵌塔铭砖；东南、西南立面为板门；东北、西北立面

塔群区1号塔北立面

塔群区1号塔（由南向北拍摄）

塔群区2号塔（由东南向西北拍摄）

塔群区3号塔（由南向北拍摄）

塔群区4号塔（由南向北拍摄）

为槛窗；北立面原嵌有塔铭，已失。枋上每面中部雕有如意云头，两侧刻梵文。枋上部为砖雕三踩斗拱，其上为三层密檐和塔刹。

3号塔为祖禅明公师灵塔，为覆钵式，高约8米。塔基为叠涩方形须弥座。塔身下部南面设门。上部为正方形，南面置石一块，上竖书“祖禅明公禅师灵塔”。西面置一方砖，其上满刻梵字经文。塔刹为砖砌五层相轮，顶部置汉白玉仰莲刹顶。

塔群区3号塔北立面

4号塔为三层实心密檐式塔，高约12米。塔基为绳纹大砖叠涩砌筑六角形须弥座，其上为三层仰莲瓣。莲座之中矗立六角形塔身，第一层较高，南面壁上有券式门，南门内原放置石刻塔铭；北立面原嵌有塔铭，已失；其余四面中部有菱形格纹窗。六立面的上部枋之下各面中间雕有如意云头，两侧刻梵文。枋之上部为砖砌五踩斗拱，再上为第一层出檐。第二、三层塔身较低，为三踩斗拱，逐层有收分。三层之上为塔刹，刹座为仰莲二层，其上为圆柱形砖砌五层相轮，刹顶置汉白玉仰莲宝顶。

另金河寺遗址存石碑数通。其中一通大型汉白玉石碑，碑额篆书“敕赐金河寺碑”，由于碑文不全，没有确切纪年，但从碑首、碑身、纹饰以及断文考证，该碑应为明代碑记。从碑文内容可知，北魏时，此地寺院、塔林已很多，香客络绎不绝，香火旺盛，历久不衰。

该塔群密檐造型典雅，沿承了辽金时期的早期做法，时代特征鲜明，是研究北方砖作、雕刻、建筑的珍贵资料。砖塔造型各异，历经数百年的风雨，至今屹立，是研究建筑力学的宝贵实物资料。2013年，金河寺悬空庵塔群被国务院公布为第七批全国重点文物保护单位，时代为元至明。

故城寺

Gucheng Temple

故城寺位于张家口市蔚县蔚州古城东南的宋家庄镇大固城村，因院东有辽代故城（现为遗址）而得名，俗称“东大寺”。

寺院坐北朝南，由二进院组成，占地面积2365平方米。原建筑格局为山门、钟鼓楼、照壁、五谷庙、弥勒宫、释迦殿、配殿。现仅存释迦殿（过殿）、禅房两座建筑。

释迦殿，坐北朝南，单檐悬山布瓦顶，通高8米，建筑面阔三间，进深两间，五架梁前后各出单步廊。根据释迦殿脊檩上的木匾题记，此殿创建于明正德二年（1507）。殿内保存有面积约110平方米的水陆壁画。壁画高2.7米至3.6米，总长约34

故城寺全景（由东南向西北拍摄）

故城寺释迦殿西壁壁画

故城寺释迦殿北壁东侧壁画

故城寺释迦殿南壁东侧壁画

故城寺释迦殿（由东南向西北拍摄）

米，绘有儒、释、道各类人物539位。北壁绘十大明王，其余三壁人物以组排列，分为112组，每组都有榜题及供养人字样。东、西壁画面呈“凸”字形，中部上下分四排八列，两侧分三排两列，每壁各有44组。南壁东、西次间各绘壁画四排三列，各12组。

故城寺释迦殿为明代重要建筑遗存，且有确切纪年，为鉴定同期建筑提供了标尺。殿内壁画保存完整，颜色艳丽，风格鲜明，而且每幅均有榜题，是研究明代绘画艺术不可多得的实物资料。2013年，故城寺被国务院公布为第七批全国重点文物保护单位，时代为明。

暖泉华严寺过殿（由西南向东北拍摄）

暖泉华严寺

Huayan Temple at Nuanquan

暖泉华严寺位于张家口市蔚县暖泉古镇东南部，俗称“大寺”，坐北朝南，南北长200米，东西宽30米，占地面积6000平方米，建筑面积约1400平方米。主要建筑排列在中轴线上，自南向北依次为天王殿（不存）、过殿、大雄宝殿。天王殿前为钟鼓楼（不存）。大雄宝殿前有配殿、厢房。

过殿，面阔三间，进深三间，歇山布瓦顶。明间梁架采用六架梁，用柁墩承托五架梁。一斗二升斗拱承托檩枋构件，脊檩下施异形拱，两侧用叉手连接三架梁。明间后檐金柱檐柱间用斗拱后尾连接，七檩用五柱，其中前两根金柱为后加，后金柱头有卷杀，明间后檐施平板枋及额枋。檐下斗拱为单昂五踩斗拱。殿顶饰精美的天花，明间为单龙行空，次间绘彩凤飞舞，前后廊绘仙鹤展翅。

大雄宝殿，面阔三间，进深三间，单檐歇山布瓦顶。明间梁架为五架梁，瓜柱承托上部构件，前后施抱头梁连接檐柱，七檩用五柱，中柱为后加。各檩下均用穿插枋加固，脊下施单交麻叶斗拱。金檩下穿插枋上施单拱荷叶交麻叶斗拱。梢间施抹角梁承托角梁。檐下斗拱为单昂五踩斗拱。

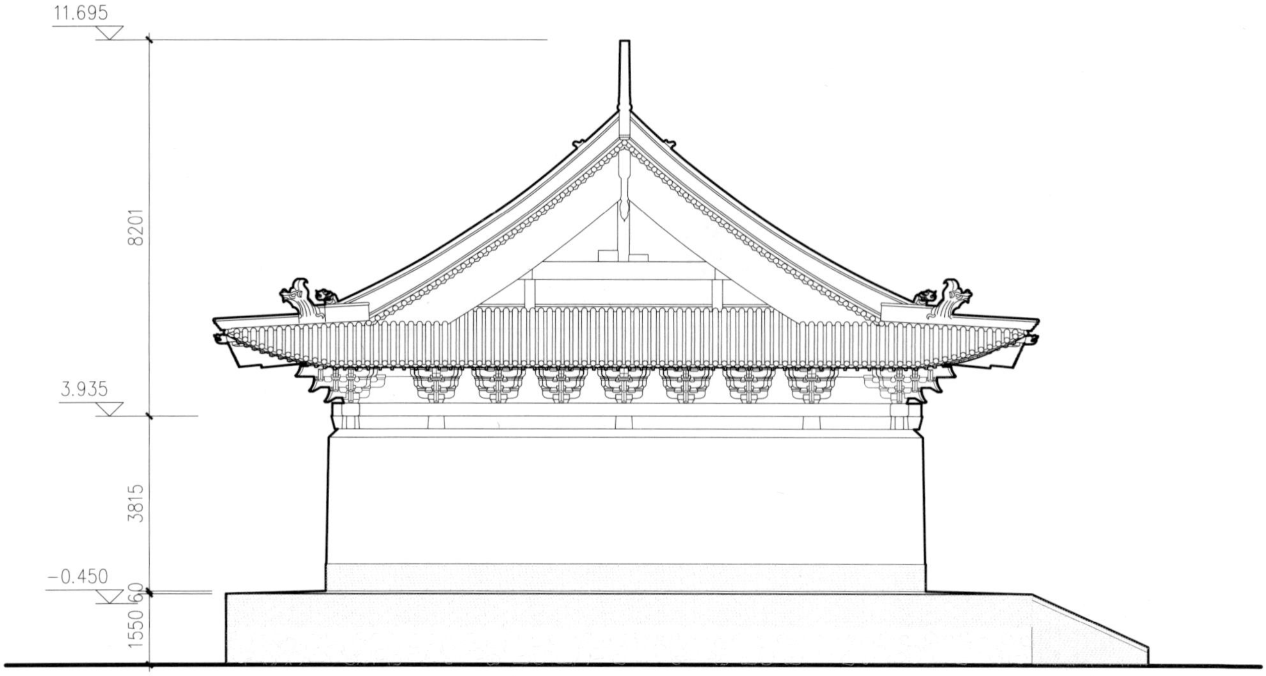

暖泉华严寺大雄宝殿侧立面图

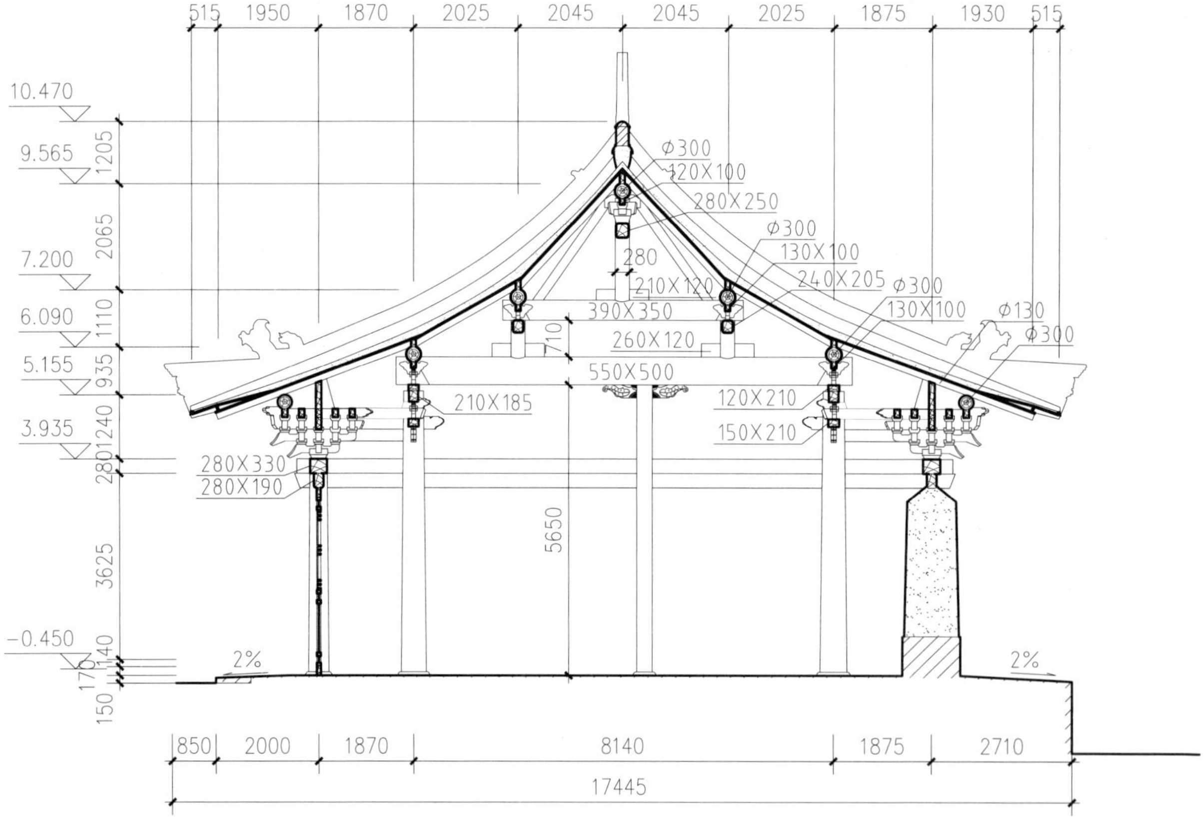

暖泉华严寺大雄宝殿横剖面图

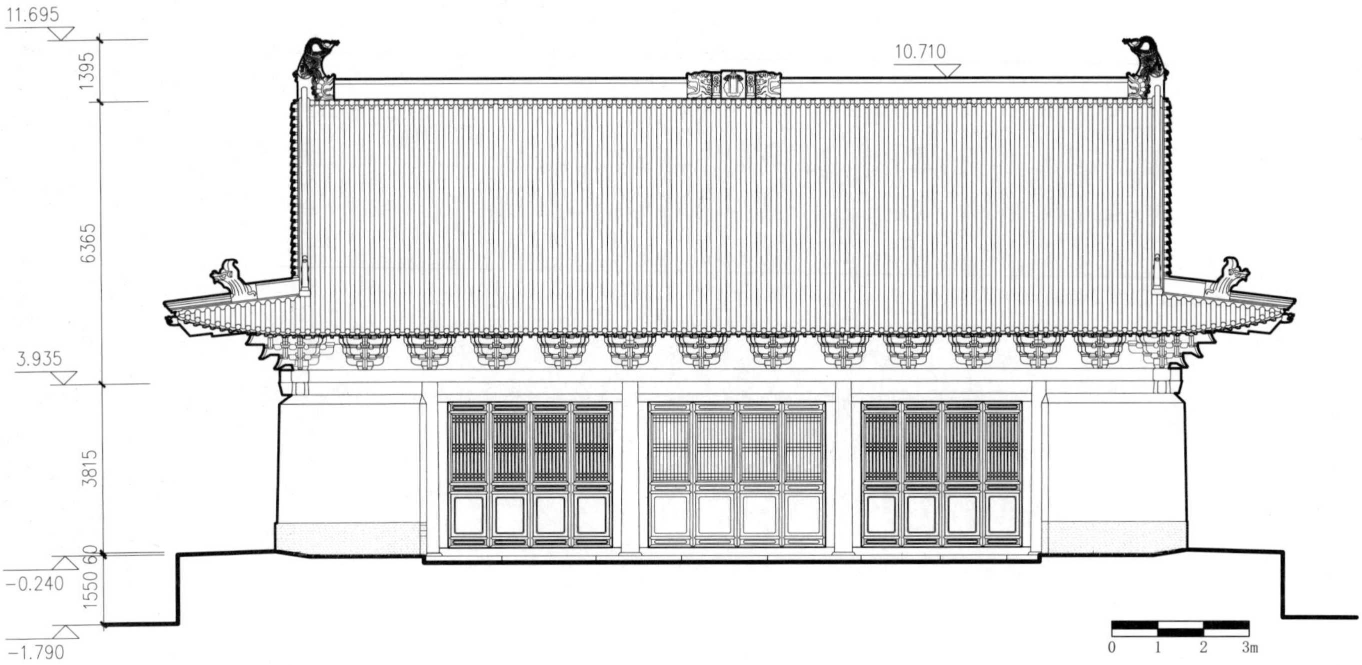

暖泉华严寺大雄宝殿正立面图

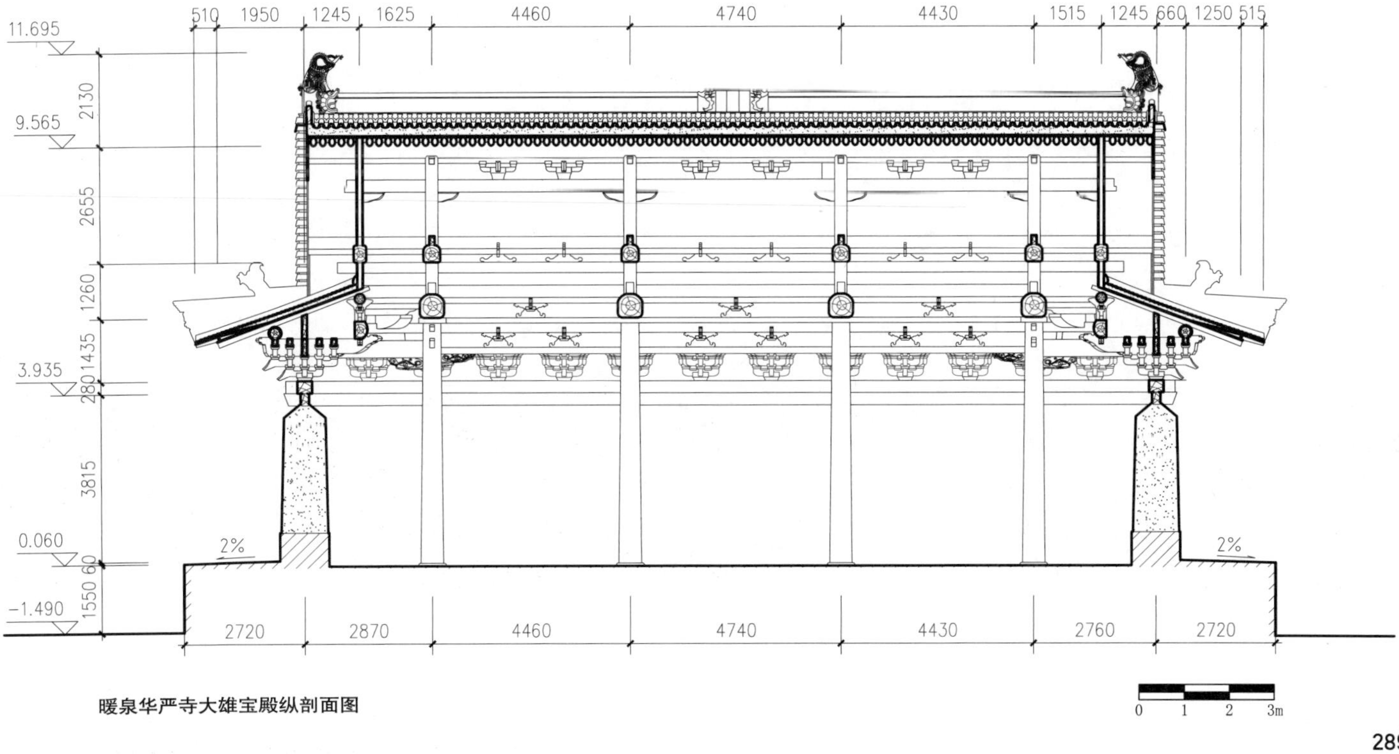

暖泉华严寺大雄宝殿纵剖面图

暖泉华严寺大雄宝殿梁架（由西向东拍摄）

暖泉华严寺大雄宝殿梁架彩绘（由西向东拍摄）

暖泉华严寺过殿正立面

东、西配殿，均为面阔五间、进深一间，单坡硬山布瓦顶。东、西厢房，均为面阔二间、进深一间，卷棚硬山布瓦顶。

华严寺前为一条重要商道，东可通山西广灵，南可进石门峪直达山西灵丘，北可入山西大同。华严寺与西侧暖泉书院、西古堡古建筑群等共同组成暖泉镇特有的文物景观。华严寺各主体建筑均为木、砖、石混合结构，整体设计科学，结构严谨；寺内彩绘保存较完整，华丽精美，独具地方特色，是不可多得的艺术精品。2006年，暖泉华严寺被国务院公布为第六批全国重点文物保护单位，时代为明。

蔚州灵岩寺天王殿（由西南向东北拍摄）

蔚州灵岩寺

Lingyan Temple at Yuzhou

蔚州灵岩寺位于张家口市蔚县县城内鼓楼西街，又称前寺，为蔚州名刹古寺之一。据《大同府志》记载，蔚州灵岩寺，元末毁，明正统六年（1441）敕赐重建。

蔚州灵岩寺坐北朝南，占地面积6682平方米。原寺院布局从南至北依次为山门、天王殿、大雄宝殿、藏经阁。东西为钟楼、鼓楼、配殿、禅房等。该寺现仅存天王殿、大雄宝殿、东西配殿四座主体建筑及部分禅房。

天王殿，面阔三间，进深三间，单檐歇山布瓦顶。殿内未设金柱，七檩六架，阑额与普拍枋呈“T”形。斗拱为单昂五踩斗拱。梁架彩绘为雅伍墨，檐墙上绘渔、樵、耕、读水墨画，拱眼壁绘水墨蟠龙。

大雄宝殿，面阔五间，进深四间，单檐庑殿布瓦顶。梁架结构为五架梁，十架椽，前后出廊。檐下四周均置重昂五踩斗拱，万拱、厢拱均为抹斜拱，拱上置菱形斗，琴面昂。殿

蔚州灵岩寺大雄宝殿（由南向北拍摄）

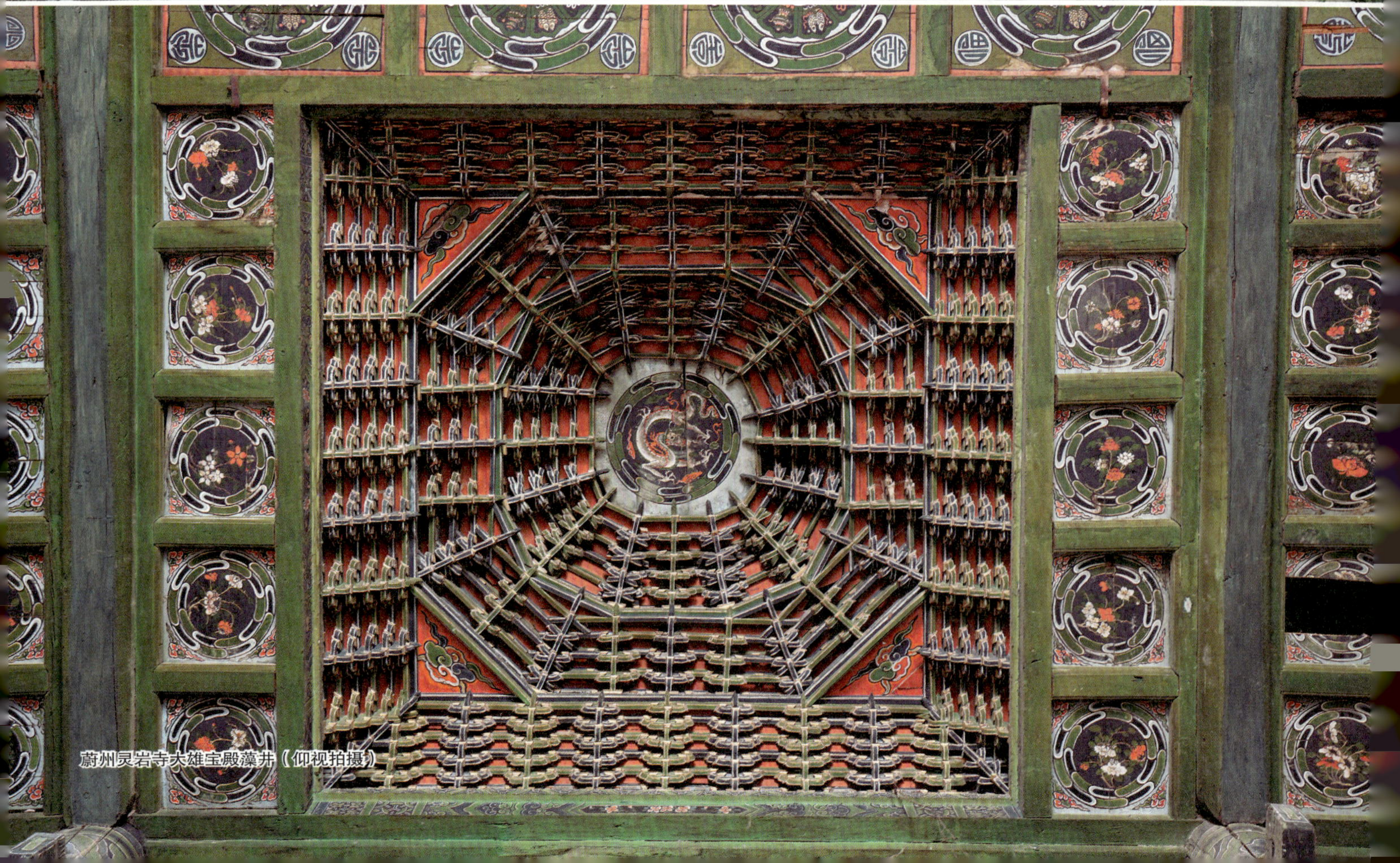

蔚州灵岩寺大雄宝殿藻井（仰视拍摄）

内置精美的佛八宝天花、斗八式藻井，前檐下置五抹落地隔扇，隔心为三交六椀菱花，拱眼壁绘水墨蟠龙。

配殿位于天王殿、大雄宝殿之间，面阔三间，进深三间，五架梁，单檐悬山布瓦顶，五花山墙。

蔚州灵岩寺大雄宝殿内置斗八式藻井、佛八宝天花，用材考究、色彩绚丽，虽历经数百年仍保存完好；建筑规制较高，工艺精湛，具有重要的艺术价值。2006年，蔚州灵岩寺被国务院公布为第六批全国重点文物保护单位，时代为明。

蔚州灵岩寺西配殿（由东北向西南拍摄）

蔚县关帝庙戏楼（由北向南拍摄）

蔚县关帝庙关帝殿（由西南向东北拍摄）

蔚县关帝庙

Guandi Temple at Yuxian

蔚县关帝庙位于张家口市蔚县县城南关西南部，东侧为释迦寺。蔚县关帝庙始建于元至元五年（1339），明清时期均有修缮。现存建筑为明代遗存。

该庙原由四进院落组成，现存主要建筑从南至北依次为戏楼、享殿（前殿）、关帝殿（中殿）、三义殿（后殿），建筑两侧均为通道，联系前后院落。原山门、钟鼓楼、诸葛楼、厢房等建筑现已不存。

蔚县关帝庙关帝殿正立面

蔚县关帝庙关帝殿侧立面

第一进院落南为一座面北而建的前歇山卷棚后硬山的勾连搭式戏楼，保存完好。戏楼对面为前殿，又称作享殿，单檐卷棚庑殿勾连搭式建筑。

第二进院落，正面建筑为关帝殿，为前出卷棚顶抱厦，后单檐歇山布瓦顶建筑，殿内架梁隔架斗拱，均为单昂三踩斗拱。梁架施有彩绘，抱厦东西山墙上绘关羽故事壁画。

蔚县关帝庙关帝殿（由西南向东北拍摄）

蔚县关帝庙三义殿（由南向北拍摄）

蔚县关帝庙三义殿斗拱（由西向东拍摄）

第三进院落，原为诸葛楼，现不存。

第四进院落，正面建筑为三义殿，单檐歇山布瓦顶，面阔三间，进深二间，单翘单昂五踩斗拱。拱眼壁上绘异兽和梅、兰、竹、菊图案。

蔚县关帝庙布局严谨，规模宏大，主要建筑保存完整，明代中期建筑结构特征明显，具有较高的科学研究价值，是研究元明两代城市功能布局、建筑规制等的重要实物资料。2013年，蔚县关帝庙被国务院公布为第七批全国重点文物保护单位，时代为明。

蔚县重泰寺全景（由东南向西北拍摄）

蔚县重泰寺

Chongtai Temple at Yuxian

蔚县重泰寺位于张家口市蔚县涌泉庄乡阎家寨村北，占地面积约1.31万平方米。现存建筑为明清两代遗存。

重泰寺的主要单体建筑均坐北朝南，沿寺庙院中轴线分布，从南至北依次为戏楼、山门、天王殿、千佛殿、观音殿、水陆殿、释迦殿、三教楼。中轴线东西两侧有钟鼓楼、关帝殿、二郎殿、地藏殿、罗汉殿、藏经阁、财神殿、祖师殿等。

蔚县重泰寺山门（由南向北拍摄）

蔚县重泰寺天王殿（由南向北拍摄）

蔚县重泰寺财神殿（由西向东拍摄）

蔚县重泰寺千佛殿（由南向北拍摄）

蔚县重泰寺水陆殿（由南向北拍摄）

蔚县重泰寺三教楼（由东南向西北拍摄）

蔚县重泰寺内建筑体量均不大，建筑形式多为单檐布瓦顶，砖木结构，建筑形式有硬山、悬山、歇山、楼台、亭阁等。

蔚县重泰寺是蔚县规模最大、主体建筑保存最为完整的一处古寺庙，为研究冀西北地区乃至中国北方地区明清两代佛教建筑布局、功能提供了宝贵的实物资料。2013年，蔚县重泰寺被国务院公布为第七批全国重点文物保护单位，时代为明至清。

蔚县重泰寺灵骨塔（由南向北拍摄）

卜北堡玉泉寺全景（由东南向西北拍摄）

卜北堡玉泉寺

Yuquan Temple at Bobeibu

卜北堡玉泉寺位于张家口市蔚县涌泉庄乡卜北堡村南。

该寺为明正统四年（1439）太监王振在其家乡建造的一座佛教寺院。

寺院坐北朝南，由三路建筑组成。东跨院为地藏殿。中路建筑由南至北依次为山门、天王殿、大雄宝殿。西跨院为禅院，有方丈居住的禅房及水井、仓库等。

进入山门，为中路一进院落。向北顺砖台阶向上，正北为天王殿，面阔三间，进深二间，五檩硬山布瓦顶。

卜北堡玉泉寺天王殿（由西南向东北拍摄）

卜北堡玉泉寺天王殿（由北向南拍摄）

 卜北堡玉泉寺大雄宝殿（由南向北拍摄）

经天王殿，进入中路二进院落，正北为大雄宝殿，面阔三间，进深三间，前出抱厦单檐庑殿布瓦顶建筑。抱厦四架梁；后殿五架梁，四角置递角梁，平梁上置方形抹角蜀柱及人字叉手，梁架上施有青绿旋子彩绘。殿内东西山墙内壁绘三教水陆壁画。

卜北堡玉泉寺保存了完整的明代寺院格局，建筑特征、装饰构件、壁画内容独具特色。2013年，卜北堡玉泉寺被国务院公布为第七批全国重点文物保护单位，时代为明至清。

卜北堡玉泉寺大雄宝殿抱厦梁架

卜北堡玉泉寺大雄宝殿东壁壁画

沙子坡老君观

Laojun Daoist Temple at Shazipo

沙子坡老君观鼓楼（由东向西拍摄）

沙子坡老君观位于张家口市蔚县暖泉镇沙子坡村东北，占地面积1933平方米。

该古道观始建年代不详，明代隆庆年间（1567—1572）和清代乾隆年间（1736—1795）多次修缮。现存建筑为明清两代遗存。

沙子坡老君观坐北朝南，中轴线建筑从南至北依次为戏楼、山门、前殿（三清殿）、后殿（北极玄帝宫）。中轴线两侧为钟鼓楼、配殿等建筑。

戏楼，位于山门正南，面阔三间，进深二间，单檐六檩卷棚布瓦顶。

山门，为五架梁，悬山式。山门内设一木屏壁，山门前置有石狮一对。

山门两侧为四柱式悬山顶的钟楼、鼓楼。祖师殿（东配殿）、财神殿（西配殿）分列钟鼓楼北侧。

沙子坡老君观三清殿（由南向北拍摄）

沙子坡老君观祖师殿（由西向东拍摄）

沙子坡老君观财神殿（由东向西拍摄）

沙子坡老君观祖师殿正壁壁画

沙子坡老君观北极玄帝宫正立面

过山门为前殿（三清殿），面阔三间，进深二间，硬山布瓦顶。该殿内保存的道教题材壁画幅幅相连，是研究古代道教文化的珍贵实物资料。前殿左右两侧为东、西厢房。

后殿为北极玄帝宫，又名真武殿。建筑面阔三间，进深两间，五架梁，硬山布瓦顶。东配殿为文昌殿，西配殿为元辰殿，两配殿均为单坡卷棚硬山布瓦顶，殿内均绘有壁画。

沙子坡老君观布局严谨，道教题材壁画十分珍贵。2013年，沙子坡老君观被国务院公布为第七批全国重点文物保护单位，时代为明至清。

昭化寺全景（由西南向东北拍摄）

昭化寺

Zhaohua Temple

昭化寺位于张家口市怀安县怀安城镇西大街路北。

昭化寺现存主体建筑坐落在该寺南北中轴线上，自南向北依次为山门、天王殿、大雄宝殿、三大士殿。山门与天王殿之间为东西配殿，西配殿现已无存。

山门位于寺院的最南端，单檐庑殿布瓦顶，面阔三间，进深二间，五檩四椽，柱有侧脚无升起。平板枋和额枋呈“T”形，平板枋出头作海棠线，具有明代早期建筑的特征。

东配殿位于山门与天王殿之间，单檐硬山布瓦顶，面阔三间，进深两间，五檩四椽。平板枋上施一斗二升

昭化寺天王殿（由南向北拍摄）

昭化寺大雄宝殿（由西南向东北拍摄）

昭化寺三大士殿（由南向北拍摄）

交麻叶和耍头的斗拱。该殿具有明清时期建筑的特征。

天王殿是中轴线上的第二座建筑，单檐歇山琉璃瓦顶，面阔三间，进深两间，五檩四椽。平板枋与额枋呈“T”形。柱有侧脚无升起，梁架结构为三架梁上置人字叉手和脊瓜柱，脊瓜柱上置大斗和丁华抹颏拱，瓜柱两侧置方形角背，三架梁与五架梁间置坐斗和柁墩。檐下四周施单昂三踩斗拱。殿内梁架为彻上露明造，木构件均作彩画，彩画式样为一整二破雅伍墨旋子彩画。正脊枋上有“大明正统肆年……重修”墨书一行，证明此殿曾于1439年重修。

大雄宝殿是中轴线上的第三座建筑，是该寺建筑规模最大、最主要的建筑。单檐歇山琉璃瓦顶，面阔五间，进深三间，七檩六椽。柱有侧脚无升起，平板枋与额枋呈“T”形，平板枋出头做海棠线，为明代早期做法。檐下四周平板枋上施单翘重昂斗拱。殿内双步梁和大内额以下均作一整二破雅伍墨旋子彩画，除梁枋绘有彩画外，其拱眼壁上亦绘壁画。墙体内侧饰壁画，在南墙左边门神画的左上方，存有作者楷书题记。壁画共计93平方米，47幅，内容丰富，构图饱满，人物众多，题材广泛。壁画设

昭化寺大雄宝殿正立面

昭化寺三大士殿东壁壁画

色艳而不俗，技法娴熟，人物造型准确生动，比例合度。明间正脊枋上有“大明正统贰年岁次……重修”墨书一行，证明此殿于1437年重修。

三大士殿俗称后殿，是昭化寺最后一座建筑。单檐悬山布瓦顶，面阔三间，进深两间，五檩四椽，山面使用中柱。柱有侧脚，平板枋与额枋呈“T”形，为明代早期做法。殿内施用彻上露明造，梁架施用彩绘。前、后檐施三踩斗拱，明间两攒平身科，次间一攒。殿内后墙有佛座痕迹。两山墙绘有精美的壁画，主要是建筑画和人物画，建筑画雄伟壮观，人物画形象逼真。

昭化寺建筑规模宏伟，殿内壁画内容丰富，绘制时间明确，为研究明代当地社会历史、绘画艺术提供了宝贵的实物资料。2001年，昭化寺被国务院公布为第五批全国重点文物保护单位，时代为明。

遇见：河北古建筑

ACQUAINTANCE
Ancient Architecture of Hebei Province

承德市

避暑山庄俯视图

避暑山庄

Imperial Mountain Resort

避暑山庄坐落于承德市北部，肇建时间为清康熙四十二年（1703）至乾隆五十七年（1792）[1]，经过九十年的相继营建，形成了占地560多万平方米的园林建筑群。避暑山庄的营建，主要集中在两个阶段。第一阶段，从康熙四十二年（1703）至康熙五十二年（1713），开拓湖区、筑洲岛、修堤岸，随之营建宫殿、宫墙等。在这一时期，完成了康熙以四字题名的“三十六景”，避暑山庄初具规模。第二阶段，从乾隆六年（1741）至乾隆十九年（1754），乾隆皇帝对避暑山庄进行了大规模扩建，完成了乾隆以三字题名

[1] 关于避暑山庄肇建时间存有多种说法，本文此说取于刘玉文《避暑山庄初建时间及相关史事考》（《故宫博物院院刊》，2003年第4期）。

避暑山庄山岳区雪景

远眺避暑山庄湖区

的“三十六景”，与康熙时期的“三十六景”合称为避暑山庄“七十二景”。

避暑山庄主要分为宫殿区和苑景区两部分，其中苑景区由湖区、平原区、山岳区组成。

宫殿区位于湖泊南岸，南邻承德市区，地形平坦，占地约10.2万平方米，是皇帝处理朝政、举行庆典和生活起居的地方，主要由正宫、松鹤斋、东宫三组建筑群组成。正宫为宫殿区中路建筑群，正对山庄丽正门，是宫殿区的主体建筑群。正宫包括九进院落，以十九间照房为界，分为“前朝”“后寝”两部分。南为“前朝”部分，主殿“澹泊敬诚”殿以珍贵的楠木建成，因此也叫楠木殿；北为“后寝”部分，主殿“烟波致爽”殿与其两侧的书屋及围房组成康熙“三十六景”的第一景。松鹤斋为正宫东面并与之平行的一组建筑群，建筑布局与正宫相似，宽度和长度均为正宫的三分之二，规模相对较小，乾隆十四年（1749）修建，供皇太后、嫔妃等居住。该组建筑共有八进院落，主殿松鹤斋大殿，面阔七间，前后廊，单檐卷棚硬山顶，为乾隆“三十六景”之第三景，嘉庆十一年（1806）改名为含辉堂。松鹤斋之后为绥成殿，面阔七间，前后有廊，单檐歇山卷棚顶，乾隆五十七年（1792）改名继德堂。北半部分主殿为乐寿堂，为皇太后寝宫，嘉庆十一年（1806）改名悦性居。乐寿堂北为畅远楼，再北为垂花门和万壑松风。东宫位于正宫的东面，地势低于正宫和松鹤斋建筑群。东宫建筑群正对德汇门，从南至北依次为德汇门、前殿、清音阁、福寿阁、勤政殿、“卷阿胜境”殿等，北端直达湖区。该建筑群于1945年被全部烧毁，现“卷阿胜境”殿为1979年重建。

文园狮子林

烟波致爽殿内

金山全景

湖区在宫殿区的北面，是避暑山庄的重要风景区，避暑山庄“七十二景”有三十一景在湖区。湖区水源主要为引入的武烈河水，面积（包括洲岛）约4.3万平方米。湖区建筑组群众多，按照所处位置可以分为东、中、西三个部分。东部主要的建筑群有水心榭、戒得堂、汇万总春之庙、清舒山馆、文园狮子林、金山等，中部的建筑群主要有月色江声、如意洲、烟雨楼等，西部的建筑群主要有芳园居、芳渚临流、长虹饮练、临芳墅、知鱼矶等。这些建筑群布置在湖山之间，点缀掩映，衬以长堤蜿蜒、湖水澄澈、翠柳垂波、红莲袅娜，使整个湖山情趣横溢、景色万千。

平原区位于湖区北部，西北山峦的脚下地势平坦开阔，占地约60.7万平方米，主要由万树园和试马埭组成。万树园内曾有不同规格的蒙古包28座，其中最大的一座是御幄蒙古包，直径达七丈二尺（24米），是皇帝的临时宫殿。试马埭位于万树园的西南，是清帝用来挑选骏马的地方。在平原区也存在不少的建筑群，现多已毁坏，永佑寺舍利塔是平原区现保存较为完好的建筑。

山岳区在山庄的西北部，面积约443.5万平方米，约占全园的五分之四。这里山峦起伏，沟壑纵横，主要由榛子峪、松林峪、树峪、松云峡四条沟壑组成，众多建筑星罗棋布于山谷中，实为“山庄”之初写照。在山岳区一共有40余处建筑，现大部分已

水心榭

普乐寺旭光阁

普陀宗乘之庙大红台

塌毁，仅存基址。

在避暑山庄东面和北面的山麓，分布着宏伟壮观的寺庙群。武烈河东岸自南向北依次为溥仁寺、溥善寺（已毁）、普乐寺和安远庙四座庙宇，山庄北部从东至西依次为广缘寺、普佑寺、普宁寺、须弥福寿之庙、普陀宗乘之庙、殊像寺、罗汉堂、广安寺等八座庙宇。据《热河园庭现行则例》载："普佑寺一庙系附入普宁寺……罗汉堂、广安寺、普乐寺，此三庙向未安设喇嘛。"其余八座寺庙为直属理藩院的庙宇，因承德地处北京和长城以外，故将这八座寺庙称为"外八庙"。现沿用此称，泛指避暑山庄周围的十二座庙宇。"外八庙"建筑形式在汉族传统的基础上，吸取藏族建筑的特点，反映了当时各民族文化的交流。

烟雨楼——烟雨鹿影

承德避暑山庄及周围寺庙是中国现存最大的皇家宫苑和皇家寺庙建筑群。避暑山庄结合自然山水营造的景观是中国自然山水宫苑的杰出代表；周围寺庙的建筑形式融汇了各民族多种建筑形式，代表了中国建筑发展过程中各民族文化交流与融合的成就。其人文景观与承德独特的丹霞地貌完美结合，其高超的造园艺术曾经影响欧洲，在18世纪世界景观设计史上占据重要地位。1961年，避暑山庄被国务院公布为第一批全国重点文物保护单位，时代为清。1994年12月，承德避暑山庄及其周围寺庙被联合国教科文组织列入《世界遗产名录》。

金山岭长城

金山岭长城

Jinshanling Section of the Great Wall

金山岭长城，位于承德市滦平县巴克什营的大小金山岭上，东起高耸入云的望京楼，西至龙峪口，是明代长城的重要组成部分。明洪武年间（1368—1398），大将军徐达奉命修筑长城。明隆庆元年（1567），戚继光镇守北疆，继续兴建众多敌楼和战台，金山岭长城成为明长城构筑最复杂、楼台最密集的一段。

金山岭长城设施完备，构筑坚实，布局谨严，攻守兼宜，是古代军事工程的杰作。长城沿线的沟壑要冲都设有关口，主要关口加设防线，修筑重墙，山巅设烽火台。长城主墙与敌台挽臂相联，互为一体。望京楼以东，山势绝险，以山为障，不筑墙垣仅筑敌台。长城的外墙多筑垛口及瞭望孔，再下置射孔，冲要地带

金山岭长城

金山岭长城

外墙射孔多达三层，供三列士兵以立、跪、卧姿势对敌射击。金山岭长城敌台修筑十分密集，一般相距百米左右便筑一台，有的地方敌台间距仅“一箭之地”。敌台下层驻守兵士，贮器械、粮草，上层设垛口。上下两层之间，或以楼梯相连，或作竖井式通道。后者，若台下失守，搬去竖井软梯，台上士兵即可坚守待援。敌台出入口多与

障墙

六眼楼

大金山楼

库房楼

主墙相通，有的也开在关内一侧，距底甚高，地面出路狭窄，敌军极难攻占。

麒麟楼（由西向东拍摄）

金山岭长城不仅是长城防御工程典型，也是中国古代建筑艺术与军事工程的完美结合。它的建造技术精湛，仅以敌台为例，形式就有方楼、圆楼、扁楼、拐角楼等；以箭窗分类则有三孔楼、四孔楼、五孔楼、六孔楼、猫眼楼等，形式不一，竞放异彩。楼体建筑形式多样，有双层砖木结构关楼、砖质仿木结构的铺房，其椽、檩多用青砖打磨而成，门窗及内墙望孔大都雕有精美图案。这里的敌楼拱门多为石制，做工精细，上雕牡丹花等。

麒麟影壁

金山岭长城是明长城保存最完整、视野最开阔、敌台最密集、建筑艺术最精美、景观最奇特的点段，敌台、挡马墙、障墙、麒麟影壁、文字砖墙等文物类型丰富，堪称万里长城的巅峰之作，素有“万里长城，金山独秀”之美誉。1988年，金山岭长城被国务院公布为第三批全国重点文物保护单位，时代为明。

凤山关帝庙全景（由南向北拍摄）

凤山关帝庙

Guandi Temple at Fengshan

凤山关帝庙位于承德市丰宁满族自治县凤山镇，始建于清雍正十年（1732），占地总面积（含广场）为5760平方米，东西宽约40米，南北长约144米，主要构成为关帝庙和戏楼。

关帝庙

关帝庙，亦称关圣寺，与对面凤山戏楼在同一中轴线上，同为一组建筑群体。关帝庙南北长62米，东西宽27米，占地1674平方米。

凤山关帝庙牌坊（由北向南拍摄）

凤山关帝庙火神殿（由西向东拍摄）

凤山关帝庙药王殿（由东向西拍摄）

关帝庙前有一对石狮，左雌右雄。石狮两侧有两根高大旗杆，夹在石制的旗杆座内。旗杆之北为四柱三楼式牌坊，主楼斗拱为九踩，次楼为五踩。牌楼后即过马殿。过马殿为券门，殿内两侧分置泥塑马和马童，其高与真人等同。过马殿两侧为院墙。院墙与钟鼓楼相接。钟鼓楼均为青砖楼座，歇山布瓦顶。经过马殿即入寺院。院内青砖铺地，中间甬路通往大殿和两侧配殿。甬路正中有鼎式香炉一尊。东西两厢各有配殿和僧房。配殿面阔三间，进深一间，硬山布瓦顶。东配殿供药王，西配殿供火神。僧房面阔五间，进深一间，清水脊硬山干槎瓦屋面。正殿台基呈“凸”字形，建筑面阔五间，进深三间，前出歇山顶抱厦，主殿为黄琉璃绿剪边硬山顶，正脊中装饰鎏金宝顶一尊。正殿供关公塑像，高5米，右为周仓像，左为关平像。

凤山关帝庙过马殿（由南向北拍摄）

凤山关帝庙戏楼（由西南向东北拍摄）

戏　楼

戏楼建于清雍正十年（1732），坐南朝北，与北面的关帝庙在同一中轴线上，是关帝庙的附属建筑。

戏楼整体建筑由主楼和配房组成。主楼用柱16根，八层条石台基，前后楼为勾连搭结构。前楼歇山布瓦顶，后楼较前楼宽，悬山布瓦顶。台口用减柱造。楼顶为倒八藻井，藻井正中的天花为正方形方木交错，形成八卦图形，八卦正中饰下垂的莲蓬。

主楼前台与后台中间用木屏风板隔开，舞台两侧为两个砖屏。砖屏为影壁式，

凤山关帝庙戏楼正立面

凤山关帝庙戏楼侧立面

分顶、身、座三部分。顶为清水脊筒瓦盖，悬山，檐下饰檐椽和飞椽，椽下装饰斗拱；壁身为边框内嵌立砌菱形砖；座为上下砖雕莲花瓣的须弥座。砖屏构思巧妙，做工精细，庄重典雅。

戏楼后的配房为砖、石、木结构，硬山布瓦顶，与戏楼主楼构成一座严密的四合院。

凤山关帝庙及戏楼是一组按中轴线对称布局的中国古代建筑精品，集建筑、雕刻、书法、绘画艺术于一体，结构新颖，构思精巧，装饰华丽。2013年，凤山关帝庙被国务院公布为第七批全国重点文物保护单位，时代为清。

遇见：河北古建筑

ACQUAINTANCE
Ancient Architecture of Hebei Province

沧州市

登瀛桥全景（由南向北拍摄）

登瀛桥

Dengying Bridge

登瀛桥，又名杜林桥，坐落在沧州市沧县杜林镇杜林村滹沱河故道上。

登瀛桥始建于明万历二十二年（1594），为三孔拱桥，全长66米，宽7.8米，跨径11.3米。桥体由三大拱和两小拱组成。两小拱悬卧于三大拱连接处的拱肩上。中间大拱顶部两侧各有一个石雕吞水兽探出桥体，张牙瞪目，粗犷勇猛；左右两大拱之上，各有一石雕狮子头，暴目裂眦，气势威严；两小拱顶各有一摆头探尾的神水兽。桥面两侧有

登瀛桥栏板

登瀛桥栏板

登瀛桥望柱

石栏，栏柱上雕有姿态各异的石猴、石狮子、佛龛、佛像等。栏板上雕刻花鸟禽兽、山水景物、神话传说、戏曲故事等图案，雕工精细，栩栩如生；栏板上均有题记，多为明天启五年（1625）、天启六年（1626）题刻。

登瀛桥整体造型美观，建筑结构稳定，雕刻工艺精湛。2013年，登瀛桥被国务院公布为第七批全国重点文物保护单位，时代为明至清。

单桥全景（由东北向西南拍摄）

单　桥

Shan Bridge

单桥位于沧州市献县南河头乡南、北单桥村之间，横跨滹沱河故道，曾为南北古御道的交通要冲。

单桥原为木桥，初名单家桥，桥名始见于元至正年间（1341—1368）。明正统六年（1441），单姓大户重建单桥。明正德六年（1511），单桥曾易名五节桥。明嘉靖六年（1527），御史秦嘉楫重修单桥，更名为柱史桥。明天启末年（1627），桥废。

据单桥栏板题记记载，崇祯初，木桥圮，知县李粹白议建石桥；明崇祯二年（1629），单桥建桥会成立，单桥石桥始建。明崇祯十三年（1640），单桥石桥建成，历时11年。由于石桥资金全部是由募化而来，故又称“善人

单桥栏板

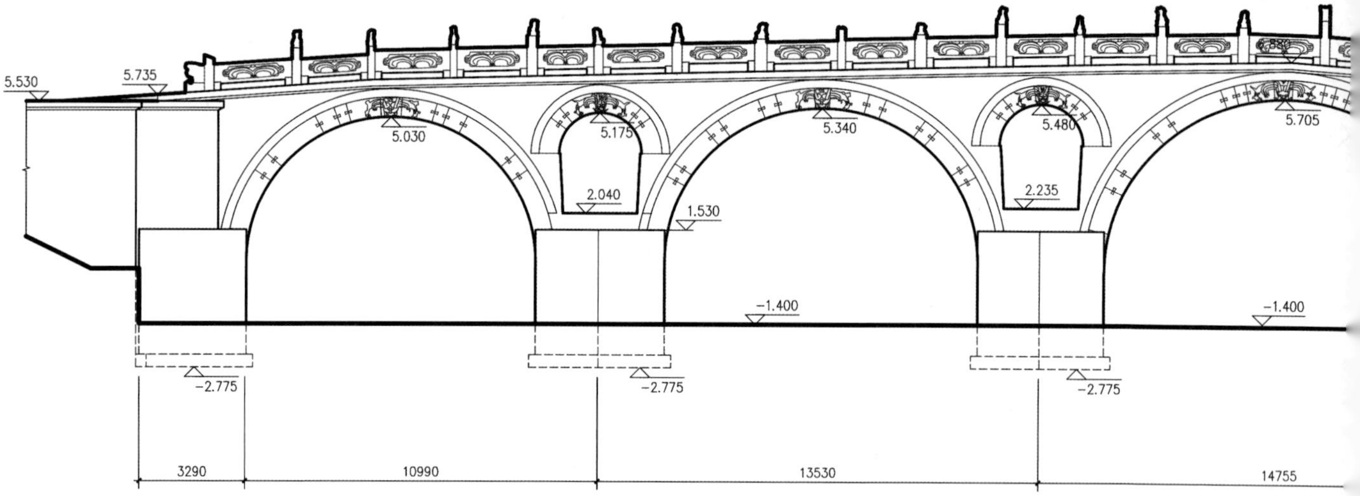

单桥正立面图

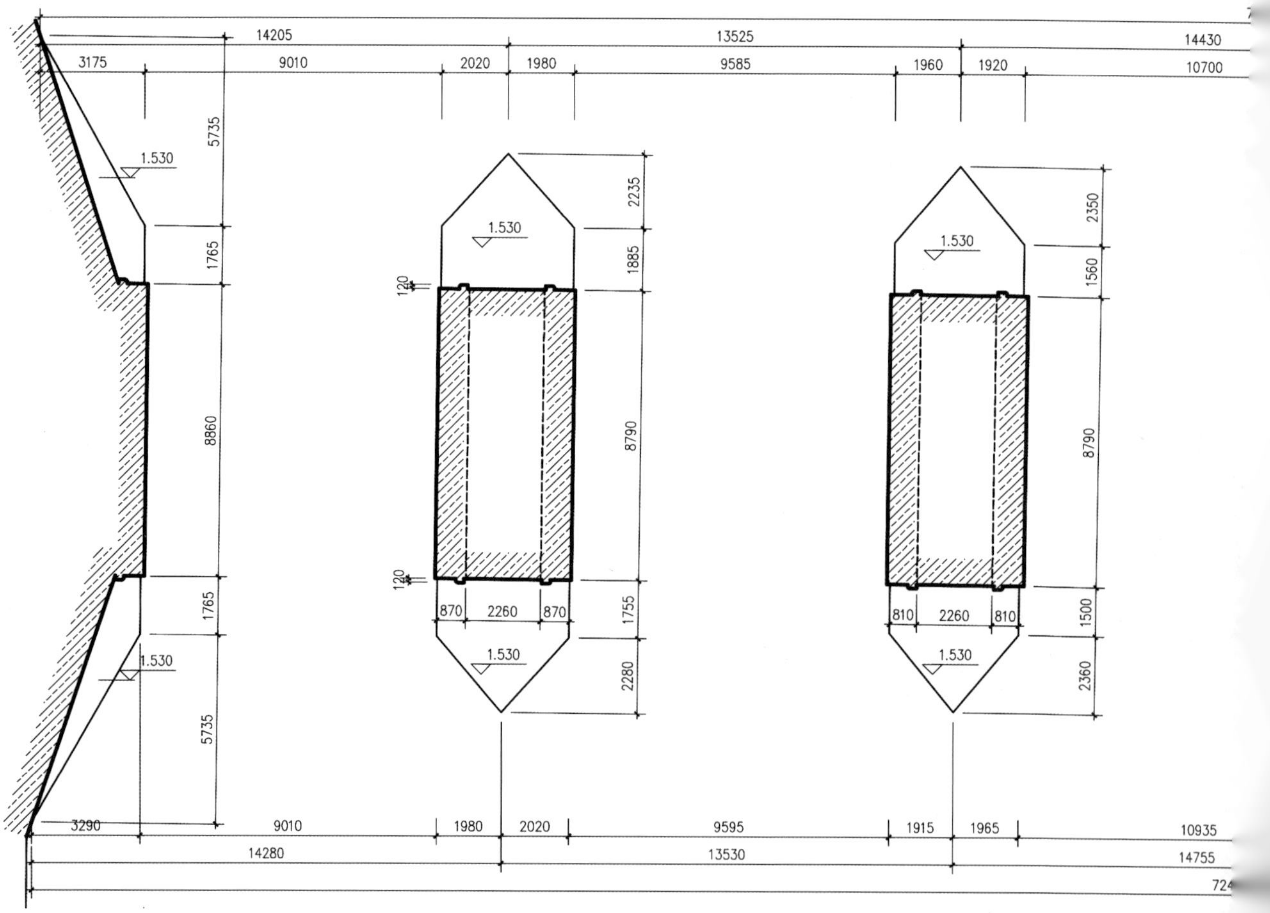

单桥平面图

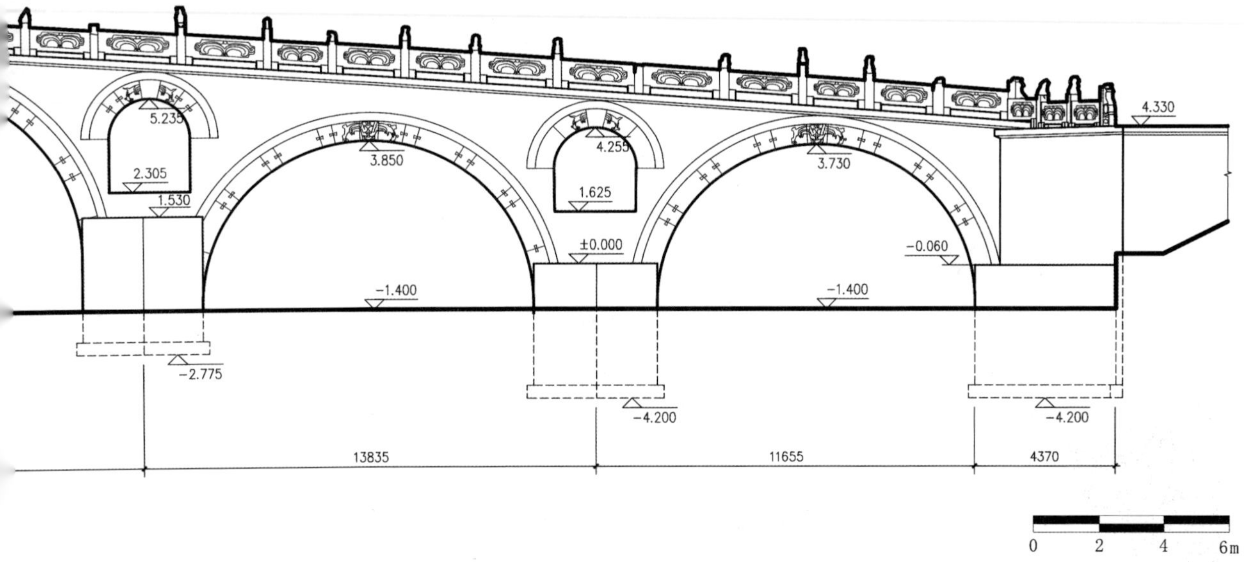

5.235
2.305
1.530
3.850
4.255
1.625
±0.000
3.730
-0.060
4.330
-1.400
-1.400
-2.775
-4.200
-4.200
13835
11655
4370
0 2 4 6m

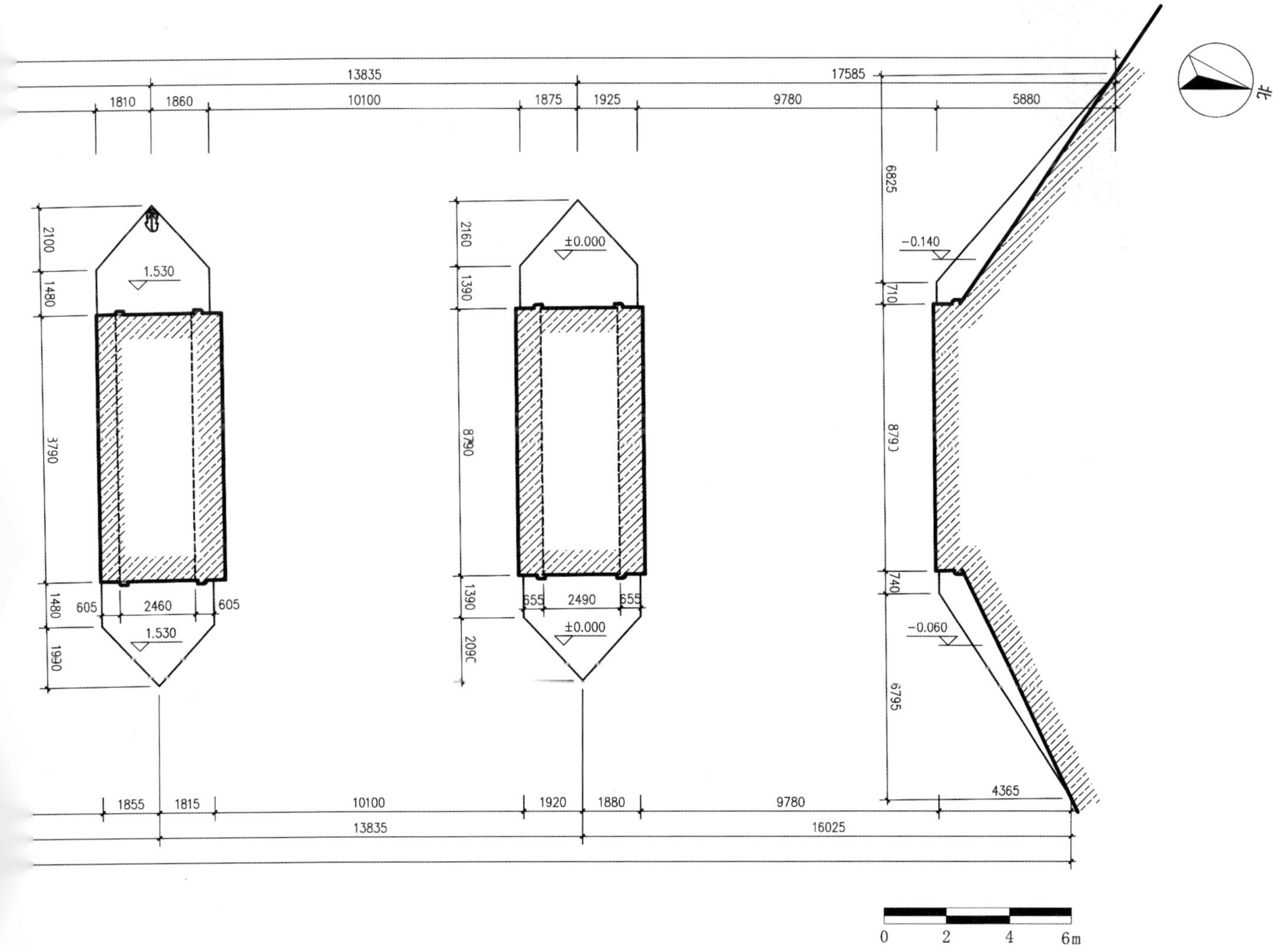

13835
17585
1810
1860
10100
1875
1925
9780
5880
北
6825
-0.140
2100
1480
1.530
3790
1480
1930
605
2460
605
1.530
2160
±0.000
1390
8790
1390
2090
655
2490
655
±0.000
710
8790
740
-0.060
6795
4365
1855
1815
10100
1920
1880
9780
13835
16025
0 2 4 6m

单桥石狮

单桥望柱

桥”。清顺治元年（1644）、顺治二年（1645）补修，在栏板上记录有捐钱人姓名。

单桥为五孔四门石拱桥，桥长69米，宽9.6米，桥面至河道高8.5米（中孔）。单桥采用不对称的设计，南高北低，为适应河道在此转弯的需要，南面的拱券比北面的高大，便于泄洪。桥两侧各有由31根望柱和31块栏板组成的护栏。栏板雕刻神仙故事、历史传说、珍禽异兽等图案，望柱上雕刻狮、猴、庙宇等，栏板望柱上刻捐款人的姓名、籍贯。单桥两端设引桥，呈“八”字形。另有菩萨骑狮石造像、抱鼓石、建桥碑、石狮等相关文物。《中国科学技术史・桥梁卷》称单桥是中国多孔敞肩拱桥的代表，是中国现存最长的多孔敞肩拱桥，也是雕刻最多的一座石桥。

单桥是古代交通要冲和商埠，随着滹沱河的改道和南北御道的西移，石桥被冷落。单桥保留了明代石拱桥的建筑特点，保留了原汁原味的明代雕刻艺术。桥面上保留至今的两条深深的车辙和望柱上被纤绳磨出的一道道沟痕，昭示着昔日人来车往、舟楫如织的繁华。2006年，单桥被国务院公布为第六批全国重点文物保护单位，时代为明。

遇见：河北古建筑

ACQUAINTANCE
Ancient Architecture of Hebei Province

廊坊市

大辛阁石塔（由南向北拍摄）

大辛阁石塔

Stone Pagoda at Daxinge

大辛阁石塔位于廊坊市永清县永清镇大辛阁村。

大辛阁石塔为八角十三级密檐式实心塔，汉白玉石质，通高6米，由塔座、塔身、塔檐三部分组成。

塔座最底部的石础为八角束腰须弥座。束腰每面雕兽头。须弥座上为八面石盘，石盘侧面雕有四个龙形图案，南面、北面为素面，东面为菱形花图案，西面为花草图案。上承莲花石盘，莲瓣三重。

塔身为八角形，每角雕出凸棱作为角柱，直达塔檐，塔檐由下而上逐渐内收。塔身正南面下部浮雕格扇门。塔身东南、西南两面浮雕披甲执兵力士各一尊。塔身正北面浮雕佛像一尊，结跏趺坐于须弥座上，着袈裟，结禅定印。正东面刻有字迹，现已漫漶不清，推测文字内容为表达建塔者祈盼福从东来、永远吉祥的愿望。其他各面刻有经文，因漫漶难以识别。

塔檐为八角形，由下而上逐渐内收，每层檐均以一块整石雕成，每层角端皆有石孔，以系铃铎。塔檐顶面雕瓦垄，檐端刻出滴水、勾头。第一层塔檐底面刻出檐椽、飞椽、角梁，每角雕斗栱一朵，为出一跳三华拱，上承替木、撩檐榑及角梁。顶部塔檐以八角攒尖式结顶。

塔刹已失。

大辛阁石塔整体造型优美，保存完好，具有极高的历史价值和艺术价值。2013年，大辛阁石塔被国务院公布为第七批全国重点文物保护单位，时代为辽。

大辛阁石塔北立面

涿州市粮倉博物館
涿州盈亿义仓简介

遇见：河北古建筑

ACQUAINTANCE
Ancient Architecture of Hebei Province

衡水市

宝云塔（由西北向东南拍摄）

宝云塔

Baoyun Pagoda

宝云塔位于衡水市桃城区河沿乡旧城村东北的原宝云寺院内，故名为宝云塔。

宝云塔为穿壁绕平座式结构，塔底不设基座，八角八层，通高约33米。

第一层塔身比较高大，南面辟券门佛龛，龛顶叠涩砖砌，原有佛像一尊，现已无存。北面辟洞券门，内设阶梯，通向二层南券门。檐下除转角铺作外，各面均施补间铺作一朵，铺作不施栌斗，用华拱直接由墙面挑出，两侧出斜拱二层，令拱一层，其上为散斗。

第二层塔身平座单独设置。第二层南面、东面辟券门，从南面绕平座向东进东券门，登台阶向上可到三层；西面辟券门佛龛，墙体顶部置砖质斗拱，各层补间一朵，为双杪五铺作。二层以上不施屋面，而是斗拱和平座合二为一，斗拱为双杪五铺作出30°斜拱，耍头位置作拱形，平座只出三跳华拱，作隐刻泥道拱。枋上做栏板、平座。

第三层塔身平座和出檐合二为一，既是下层出檐，又是上层平座。第三层西面辟券门，下台阶可到二层。南面辟券门佛龛，叠涩顶。东面置盲窗。北面辟券门，设台阶，向上可到四层。三层补间铺作为双杪五铺作，转角铺作除角华拱外，其两侧华拱顺各面挑出。

第四层塔身南面辟券门，下台阶可到三层。东面辟券门佛龛，叠涩顶。北面置盲窗。西面辟券门，设台阶，向上可到五层。四层补间铺作为双杪五铺作，转角铺作两侧则是华拱垂直各面墙体挑出。

第五层塔身东面辟券门，下台阶可到四层。北面辟券门佛龛，叠涩顶。西面置盲窗。南面辟券门，设台阶，向上可到六层。五层补间斗拱为双杪五铺作出斜拱，转角铺作形制同四层转角铺作。

第六层设塔心室，正方形。东、南、西、北四面辟券门，内外相通，俗称“四天门”。由南面门洞向下可到五层。西面门洞内壁设铁梯，向上可至七层。六层斗拱均

宝云塔南立面

为单杪四铺作出斜拱。

第七层也为空心式，正方形。墙壁向下与六层对齐。楼面为木楼板。北面内壁辟佛龛，叠涩顶。南面辟门洞，外券内叠涩，向外可到塔外平座。北向南设木梯，向上可到八层。七层斗拱均为单杪四铺作出斜拱。

第八层南面辟门洞，叠涩顶，向外可到塔外平台。东、北、西三面墙面中部辟方形佛龛，平顶、檐口雕砖。八层斗拱为单杪四铺作，不施斜拱。

八层檐以上为叠涩收顶，上置八角叠涩刹座，刹座之上置宝瓶塔刹。

宝云塔为北宋初期的建筑，结构特殊，即所谓“穿壁绕平座”。此种结构塔内虽有阶梯，但不能通上，只能通下一层，而要登上则必须穿塔壁门，从平座绕行到上一层塔门到上一层。这种“穿壁绕平座”结构是宋塔的独特风格，展现了宋代匠师们高超的匠作水平，具有较高的科学研究价值。2006年，宝云塔被国务院公布为第六批全国重点文物保护单位，时代为宋。

衡水安济桥

Anji Bridge in Hengshui

衡水安济桥，又名衡水石桥、衡水老桥，位于衡水市桃城区胜利东路，东西横跨滏阳河。

衡水安济桥于清乾隆三十一年（1766）十月建成。明天顺元年（1457），衡水知县杨俨奏请上级批准，建木桥一座。明成化至嘉靖年间，由于多次洪灾，木桥屡修屡毁。明嘉靖三十二年（1553），由衡水县徐廷等人募资，建成一座石桥，明隆庆三年（1569）被水冲毁。清顺治五年（1648），由于滹沱河河床南移，河水猛涨。清乾隆

衡水安济桥全景（由北向南拍摄）

衡水安济桥石狮

年间（1736—1795），直隶总督方观承奏请朝廷批准，建一座坚固的石桥。于清乾隆三十年（1765）五月正式动工，次年十月竣工，乾隆皇帝赐名“安济”。

衡水安济桥为七孔连拱石桥，桥身长116米，桥面宽7.5米。每孔桥拱正中雕有镇水兽，两侧各有望柱58根、石栏板59块。望柱通高1.62米，宽0.32米，顶上雕有石狮，狮下有莲花座。石狮两两相对，有的项戴铃铛，有的项戴缨穗；有的其前足下踩一绣球，有的石狮周身饰以小石狮。小石狮或偎依在大石狮怀里，或趴在其后背，作嬉戏状，妩媚可爱，形态各异，栩栩如生。望柱间镶有石栏板，高浮雕卷云纹宝瓶图案。桥面为条石砌筑。桥头两侧各有一对较大的石狮。桥墩砌有分水石，桥西端南侧立有石碑一通。碑文内容为“建安济桥碑记”，因风化严重，字迹已模糊不清。

衡水安济桥结构科学，雄伟壮观，雕刻技艺高超，手法细腻，造型生动逼真，充分展现了我国古代劳动人民的伟大智慧。2013年，衡水安济桥被国务院公布为第七批全国重点文物保护单位，时代为清。

庆林寺塔

Pagoda of Qinglin Temple

庆林寺塔位于衡水市故城县县城西南的饶阳店镇饶阳店村东。

庆林寺塔原为庆林寺内建筑，原庆林寺已毁，只有寺内的这座古塔保存下来。1980年中国科学院自然科学史研究所张驭寰教授对庆林寺塔进行了实地考察，根据该塔建筑风格和特点，确定其初建时间为北宋初期。据塔碑记载，庆林寺塔曾于明嘉靖年间（1522—1566）重修。

庆林寺塔为八角六层楼阁式砖塔，通高35.67米，由塔基、塔身、塔刹三部分组成。

塔基较高，由三层构成，平面为八边形，由下向上逐层收分，形成梯形塔基。塔基北面设一拱券门，由券门入塔内，从北至南穿过狭长的空间，拾级而上可到达一层南门，塔心台阶东侧设一佛龛。

第一层至第六层塔身形制大致相同。各层四正面辟券门或佛龛，四斜面为盲窗，砖雕花心各异，式样有龟背纹、“中”字、方格套花心等。墙体上部各角砌出圆形柱头，柱间和柱上砌出阑额、普拍枋，呈“T”形。普拍枋上为砖质斗拱、撩檐槫、仿木椽飞。各角撩檐槫的上部砌出生起，转角上部施木质角梁，角梁头施套兽，悬挂风铎。椽飞之上为砖檐，叠涩收顶。各层均设平座，平座檐下施斗拱。一层南面、西面设券门，东面、北面券门内为佛龛。从南门出，右转到西门，西面券门

庆林寺塔南立面

庆林寺塔全景（由北向南拍摄）

可登级而上，穿暗层，从西南、东北两面绕壁分别通往二层与三层，再其上各层均为穿壁绕塔心室的转折阶梯，可通至顶层。第六层塔心室不施铺作，直接砌叠涩顶。

塔刹为铁制，由覆钵、相轮、宝珠组成。

庆林寺塔为宋代砖塔，其布局、结构、建筑形式等具有地域代表性，是研究宋塔的重要实物例证。此塔建筑年代久远，历经风雨沧桑，至今屹立不倒，与其结构形式——八角筒体结构有很大关系，反映了当时高超的建筑水平。庆林寺塔造型精美，比例匀称，具有较高的艺术价值。明代礼部右侍郎王士嘉曾赞诗云：“浮屠何代建，峭拔入云端。绝顶登临处，摩挲星斗寒。”2006年，庆林寺塔被国务院公布为第六批全国重点文物保护单位，时代为宋。

庆林寺塔四层塔身（由东南向西北拍摄）

开福寺舍利塔全景（由南向北拍摄）

开福寺舍利塔

Sarira-Stupa of Kaifu Temple

开福寺舍利塔位于衡水市景县县城内西北角的开福寺内。

1932年版《景县县志》记载，“开福寺古塔上层悬有铁匾，匾内铸有齐、隋重修字样，重修既在齐、隋，其创建年代当在北魏时代”。宋元丰二年（1079）、宋元祐六年（1091）、金天眷二年（1139）、元至治三年（1323）、明正德十二年（1517）、清同治八年（1869）均有修缮。现存砖塔为宋代建筑风格。

开福寺舍利塔系楼阁式砖塔，八角十三层，通高63.85米。

石砌塔基之上为塔身。塔身四正面辟门，外檐施斗拱。塔顶设葫芦形塔刹，刹下部为砖砌须弥座，以仰莲承托刹身，刹身不用相轮，而以铁板交替叠压，犹如锥形铁框。刹顶为大小不同的三个铜质葫芦相串叠，葫芦下有铁丝网，铁丝网四面各悬一铁匾，东、西、北三面的铁匾上均铸有北齐或隋重修字样。因铁丝网与铜葫芦被风鼓荡，发出似流水波涛的声音，故有“古塔风涛”之美称。

第一层塔身设塔心室，其地下为一地

开福寺舍利塔内部（由北向南拍摄）

井。四壁施砖仿木双杪五铺作斗拱，补间铺作出斜拱。室顶由砖叠涩形成藻井。第二至十一层回廊正面分别设一佛龛，佛龛顶内收为四角藻井。每层外檐施仿木斗拱。回廊顶均为砖砌券顶。每层屋面均由砖叠涩而成。

在塔的第一层内，有记载捐资修塔人姓名和修塔年月的石碑一通。在塔顶的铁刹内刻有重修题记。

开福寺舍利塔造型精美，比例匀称，雄伟壮观，是中国古代劳动人民智慧的结晶。1996年，开福寺舍利塔被国务院公布为第四批全国重点文物保护单位，时代为北宋。

开福寺舍利塔北立面

深圳盈亿义仓全景

深州盈亿义仓

Yingyi Charity Granary at Shenzhou

深州盈亿义仓位于衡水深州市博陵路107号。

据《深州风土记》载，深州建义仓，始于清乾隆十二年（1747），为直隶总督方恪敏奏设。清嘉庆二十一年（1816），修深州义仓于城西北隅。清道光初年（1821），那文毅任直隶总督，下令重修义仓。清同治十一年（1872），钱敏肃为布政使，欲复兴修方公仓制。清光绪二十三年（1897），钱溯耆任直隶深州知州，建仓三十六楹，名曰“盈亿义仓”，落成于光绪二十四年（1898）九月。

深州盈亿义仓坐南朝北，为一组建筑群，四周有围墙围护。南北长56.13米，东西长58.82米，总占地面积3428平方米。义仓分东、西两个院落，中间以围墙隔开，两个院落既相互独立，又相互联系。门庭西耳房和西厢房的

深州盈亿义仓门厅（由北向南拍摄）

深州盈亿义仓东厢房（由西向东拍摄）

围墙设便门。东院为办公管理区，由北向南依次为影壁、八字墙、门庭、东西厢房、宴休堂、仓神祠等。门庭和宴休堂各配耳房一间，现影壁和八字墙已无存。西院为仓储区，中心建筑为听事房，四面分别建有的北仓、南仓、西仓、东仓四个仓储室。

门庭及耳房位于东院的最前端，是管理区的入口。门庭面阔三间，进深二间，单檐硬山阴阳合瓦顶建筑。地面为方砖墁地。前后檐二步梁施中柱，七檩用三柱，梁下施随梁枋，瓜柱两侧施雕花角背，檩部构件为檩、枋两件。前后檐施檐椽及飞椽；檐下施单昂三踩斗拱，施45° 斜昂。屋面施正脊、垂脊。耳房分居于门庭的两侧，面阔一间，进深一间，硬山阴阳合瓦顶建筑，为倒座式建筑，前檐为墙体，后檐辟门窗。

厢房位于门庭之后，分列东西两侧。面阔三间，进深一间，前出廊，单檐硬山阴阳合瓦屋面。地面为方砖墁地，明间为门连窗，次间为固定槛窗。梁架结构为五架梁前

深州盈亿义仓北仓（由南向北拍摄）

深州盈亿义仓北仓室内

深州盈亿义仓宴休堂（由北向南拍摄）

单步梁，六檩用三柱，檩部构件为檩、垫、枋三件。前檐施檐椽及飞椽，后檐为封护檐，屋面施正脊。

宴休堂及耳房位于门庭后，是东院中轴线上的第二座建筑。面阔三间，进深三间，单檐硬山阴阳合瓦顶建筑。地面为方砖墁地。前檐明间四扇隔扇门，次间为槛窗。梁架结构为五架梁前后檐单步梁，七檩用四柱，檩部构件为檩、垫、枋三件，前后檐施檐椽及飞椽；屋面施正、垂脊。耳房分居于宴休堂的两侧，面阔一间，进深一间，硬山阴阳合瓦顶建筑。

仓神祠位于宴休堂之后，是供奉保佑粮仓平安之神的地方。面阔三间，进深三间，单檐硬山阴阳合瓦顶建筑。地面为方砖墁地。梁架结构为五架梁前后单步梁，七檩用四柱，檩部构件为檩、垫、枋三件。

听事房位于西院的中部。面阔三间，进深二间，单檐硬山阴阳合瓦顶建筑。地面为方砖墁地。前后檐明间四扇隔扇门，次间为槛窗。梁架结构为前后檐三步梁施中柱，明间为七檩用三柱，山面为七檩用七柱，梁下施随梁枋，檩部构件为檩、枋两件，檐部为檩、垫、枋三件。前后檐施檐椽及飞椽，屋面施正脊。

北仓是西院的第一座建筑。坐北朝南，面阔九间，进深六间，单檐硬山阴阳合瓦顶建筑。地面为木地板。梁架结构为七檩用七柱，施中柱，单步梁下施随梁枋，檩部构件为檩、枋两件，前檐部为檩、垫、枋三件。屋面南坡每间设天窗，两山墙和后檐墙体在距室内地面0.2米处设通风孔，显示了粮仓与一般建筑的不

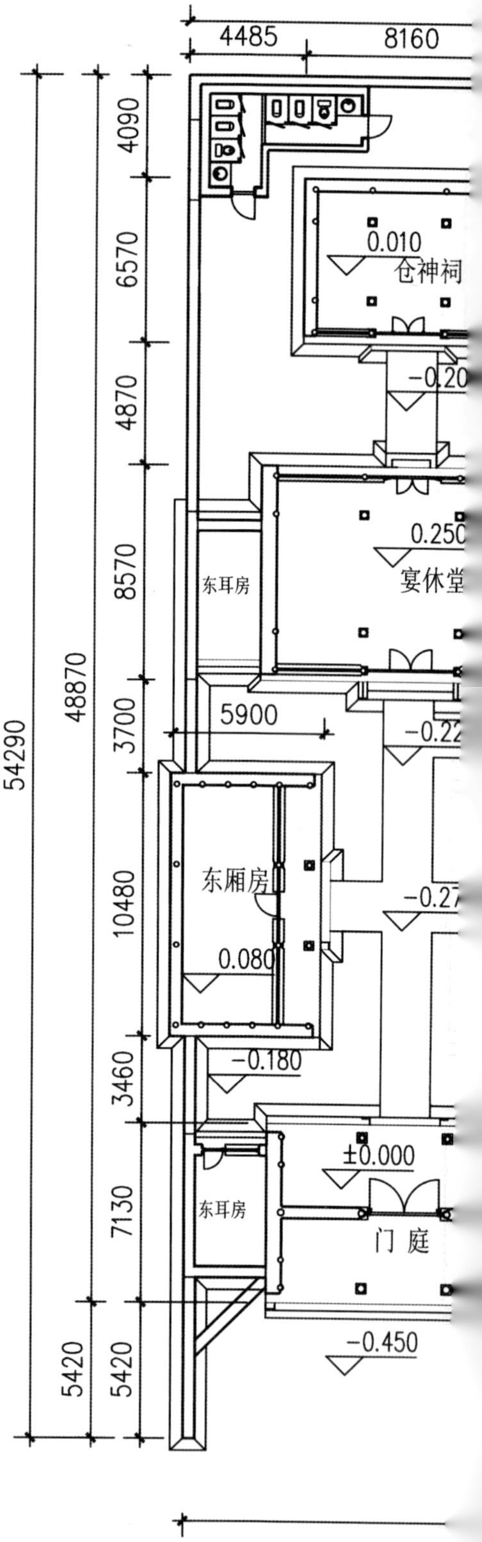

深州盈亿义仓总平面图

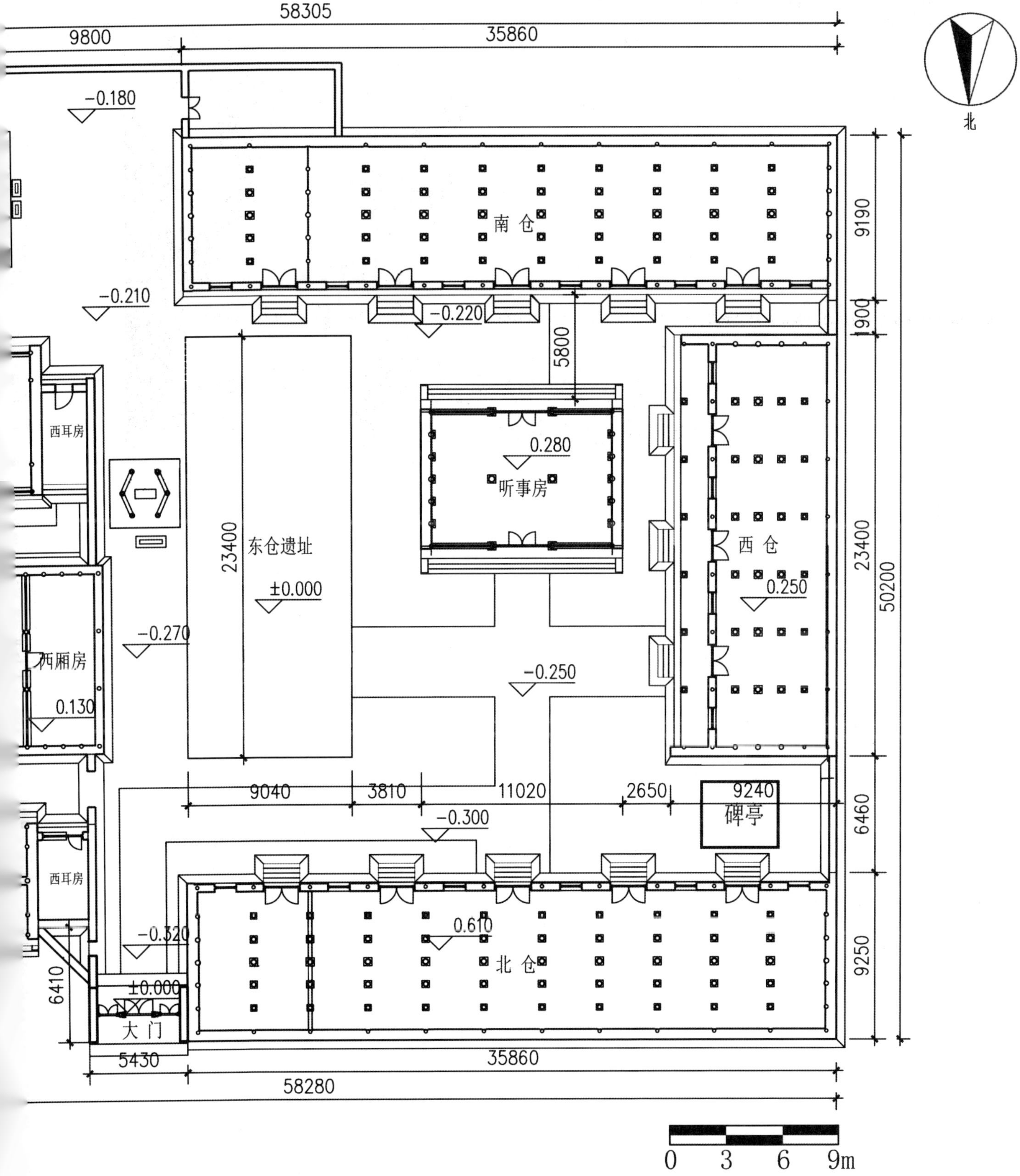
58305
9800
35860
北
-0.180
南 仓
9190
-0.210
-0.220
1900
5800
西耳房
0.280
听事房
23400
东仓遗址
±0.000
西 仓
0.250
23400
50200
-0.270
西厢房
-0.250
0.130
9040
3810
11020
2650
9240
碑亭
6460
-0.300
西耳房
-0.320
0.610
北 仓
9250
6410
±0.000
大 门
5430
35860
58280
0
3
6
9m

深州盈亿义仓东仓遗址（由西向东拍摄）

同之处。

南仓与北仓相对，坐南朝北，平面布局和建筑形制与北仓相同。

西仓位于听事房西侧。坐西朝东，面阔七间，进深五间，前出廊，单檐硬山阴阳合瓦顶建筑。室内为木地板，明间、梢间为木板门，次间、尽间为高窗。两山墙和后檐墙体在距室内地面0.2米处设通风孔。梁架结构为七檩用七柱，梁下施随梁枋，檩部构件为檩、枋两件，前檐部为檩、垫、枋三件。

东仓被毁，无存。

深州盈亿义仓是河北省目前发现的仓储类古代建筑中保存较好的清代粮仓建筑，国内亦不多见，是研究清代仓储制度和建筑防护技术的重要实物资料。2013年，深州盈亿义仓被国务院公布为第七批全国重点文物保护单位，时代为清。

遇见：河北古建筑

ACQUAINTANCE
Ancient Architecture of Hebei Province

定州市

定县开元寺塔（由南向北拍摄）

定县开元寺塔

Pagoda of Kaiyuan Temple in Dingzhou

定县开元寺塔一层塔门（由南向北拍摄）

定县开元寺塔（料敌塔），俗称定州塔，位于定州市南城门内东侧。北宋时，定州地处宋辽交界处，此塔“扼贼冲，为国门户”，登之可瞭望契丹，以料敌情，在古代军事上起着武备的作用，故亦称“料敌塔”“瞭敌塔”。

定县开元寺塔始建于宋真宗咸平四年（1001），落成于宋仁宗至和二年（1055）。《定州志》载：“开元寺僧会能，尝往西竺取经，得舍利子。宋真宗咸平四年诏建塔。会能董其役，伐材于嘉山，至仁宗至和二年始成。”该塔几经修葺，至今仍保持原貌。

定县开元寺塔为八角形楼阁式砖塔，通高83.7米。塔身共十一级，自下而上逐层向内收分。第一层较高，每边长9.8米，上有塔檐平座，其余各层则只有塔檐。塔檐的形式是用砖层层叠涩挑出短檐，断面呈现出明显的凹曲线。第二至九层东、南、西、北四面辟门，其余四面设浮雕盲窗，每层盲窗窗棂各不相同；第十至十一层八面均辟门，以瞭望敌情。塔刹由刹座、覆钵、相轮、宝珠等构成。刹座上施忍冬花叶，置以覆钵，覆钵上有铁质相轮和露盘，最上为两颗青铜宝珠。

定县开元寺塔二层斗拱平棋

定县开元寺塔一层回廊壁画（局部）

塔主体由内外两层砌体衔接而成，中间形成回廊，廊壁多设佛龛。上下两层楼阁之间均设升蹬梯道，梯道穿越内塔塔心，使塔由封闭型变为开放型。每层均有回廊，廊的顶部施砖雕仿木斗拱，斗拱之上施以砖制平棋，其上浮雕各式精美的纹饰。第一、二层之间设中心佛龛、穹窿顶，四周设斗拱，第二层回廊平棋浮雕多种纹饰；从第四层到第七层的平棋为木质，上施彩绘。第八至十一层均为穹窿顶，无斗拱和平棋，只是以砖砌作拱顶。塔的第一层较高，分隔成上、下两层，上层为圆顶，用砖骨八条以承载逐层挑出的砖块，结构独特。塔内回廊存有多块碑刻和数处名人题记，外一层回廊存有宋代壁画，弥足珍贵。

定县开元寺塔是中国现存最高的砖木结构古塔，在中国古代建筑史上占有重要地位，著名古建专家罗哲文先生誉其为“中华第一塔”。定县开元寺塔挺拔秀美、气势雄伟，显示了宋代高超精湛的建筑技艺。1961年，定县开元寺塔（料敌塔）被国务院公布为第一批全国重点文物保护单位，时代为北宋。

定州贡院全景（由南向北拍摄）

定州贡院

Examination Hall in Dingzhou

定州贡院，又名考棚，位于定州市中山东路草场胡同22号。

据《定州志》记载，定州贡院始建于清乾隆三年（1738），为清代科举取士的场所，分为文、武两个考场，由当时的州牧王大年倡导所建。清道光十四年（1834），州牧王仲槐曾重修定州贡院，增建魁阁及后楼两侧耳楼。

定州贡院坐北朝南，占地面积约2.2万平方米，建筑面积约1500平方米，现仅存文场中轴线上的影壁、大门、魁阁号舍、大堂、后楼五座建筑。魁阁号舍为定州贡院的主体建筑，是考试的正式场所。

魁阁面阔七间，进深一间，屋顶为攒尖形式，明间分两层，上为供奉“魁星”的阁楼。魁阁作为前庑与号舍连为一体，分为四个高度，明间屋顶最高，为半个四角攒尖顶，前出两个翼角，次间、梢间、尽间高度依次降低，各出一个翼角。魁阁正面形似牌楼，外用八根檐柱，明间柱础雕刻精美龙纹，其余檐柱柱础为覆盆式，前檐施圆檐椽、方飞椽，上铺望板，再覆小青瓦、滴水等。各间的戗脊为砖雕花脊，施垂兽。

号舍面阔七间，进深九间，建筑面积约900平方米，屋顶为七进勾连搭形式，正中间为卷棚顶。其大木梁架为八柱二十八檩，檩下不施随枋垫板，梁架同样分为四层，中间最高，两侧依次降低，瓦顶也随之分为四层。在第

定州贡院魁阁二层（由南向北拍摄）

筆參
不負苦心

定州贡院魁阁号舍正立面

定州贡院魁阁号舍室内

一、二层屋檐下沿进深方向设置与之等长的竖向直棱窗，便于采光。屋顶仅第一层施飞椽，二至四层均未施用，屋顶坡度柔缓，与魁阁前檐相接，后檐用小青瓦砌出镂空式花脊，后门两檐柱为浮雕盘龙石柱。

定州贡院是中国保存较为完好的清代科考考场，主体建筑魁阁号舍结构简洁、造型优美，是研究清代地方建筑艺术及清代科举考试制度的重要实物资料。2001年，定州贡院被国务院公布为第五批全国重点文物保护单位，时代为清。

遇见：河北古建筑

ACQUAINTANCE
Ancient Architecture of Hebei Province

雄安新区

陈调元庄园全景

陈调元庄园三进院正房和厢房

陈调元庄园

Chen's Manor in Xiong'an

陈调元庄园位于雄安新区安新县同口镇同口村，是一座典型的中国北方传统四合院式建筑，为陈调元家宅。

庄园地基原本是一个深达数丈的水坑。1904年起，工人开始在村北4华里外取土填到坑中，历时7年将坑垫平，并于1921年春正式兴建，1922年冬完工。1935年，陈调元曾回此暂居数日。

庄园坐北朝南，占地面积约4400平方米，建筑面积约2600平方米，三进式四合

陈调元庄园影壁（由南向北拍摄）

院，建筑整体结构紧凑、布局合理，保存较为完好。

一进院正房面阔五间，进深三间，硬山卷棚布瓦顶，前出廊，落叶松木廊柱，外抹油灰、红漆罩面（其余建筑廊柱同形制）。前后檐墙施木装修。东西厢房面阔、进深均三间，平顶，前出廊。东厢房南山墙施影壁，正对大门；倒座形制与正房一致，东南角设庄园大门。二进院整体布局结构与一进院基本一致，变化仅为大门位置建耳房一间、院门一道。三进院正房面阔五间，进深三间，硬山卷棚布瓦顶，前出廊，前后檐墙施木装修，两侧为耳房。厢房形制基本与一进院厢房同。

陈调元庄园是河北省为数不多且保存较好的传统四合院建筑，有着重要的历史价值。2001年，陈调元庄园被河北省人民政府公布为第四批省级文物保护单位，时代为民国。

后 记

图像是物质文化与视觉文化的交融。在艺术的审美和想象中，建筑的实体存在通过图像形成了独特的视觉视境，而视觉则通过图像揭示了建筑的真实面貌和艺术风采。借助“视觉”与“建筑”的相互印证，我们从多维角度探索建筑物的历史渊源和建筑叙事，探寻未知，揭示本源，不仅增强了古代建筑的历史信度，而且增加了古代建筑的社会学意义和文化内涵。既有助于完善古代建筑历史情景与场景的书写，也提高了古代建筑遗产的活化价值，达到了“以图见物、以物释图”的艺术境界，揭示了古代建筑中引人入胜的文化密码，充实和丰富了中国建筑史的书写内容。

图像作为人类认知世界和把握事物的特殊方式，赋予我们用视觉探索自然与品味世界的途径，它超越了语言和文字的界限，以直观、生动的形式反映现实，观照生命与情感。从原始社会的洞穴壁画，到春秋战国时期的花山岩画；从西汉鲁恭王刘余“图画天地，品类群生。杂物奇怪，山神海灵”的四壁丹青，到宋代的宗教壁画；从元代山西芮城永乐宫三清殿气势磅礴、构图壮阔的《朝元图》壁画，到明清时期的构图奇巧、意境深远的寺观壁画，艺术家们以体物入微的写实技法和深沉奇诡的想象，构建了引人入胜的空间画面，展现了视觉图像艺术叙事的独特魅力，创造了超越时空的美感境界。

用图片序列的逻辑构成来阐述中国古代建筑的类型、风格和形式，是杰出的中国建筑学家梁思成先生的伟大创举。1947年，当中国还处于战乱频仍的年代，梁思成先生就完成了《图像中国建筑史》的编纂，利用大量的图版，鲜明而立体地阐述了中国古代建筑的结构体系及形制演变。“使读者对中国古建筑的伟大宝库有一个直观的概览；并通过比较的方法，了解其‘有机’结构体系及其形制的演变，以及建筑的各种组成部分的发展。”（吴良镛《图像中国建筑史·序》）。

基于对先辈建筑学家的景仰和对中国古代建筑的真挚热爱，我们集多年对河北古建筑的勘察、维修、研究和数字采集成果，编撰了本书。书中收录了大量的古代建筑实测图和实景图片，以传统的视觉表达和准确的叙述展现历代设计师们远超时代的匠心和巧思，全面呈现河北古代建筑的精髓和风采。希望本书能成为中国古代建筑的研究者们的一份珍贵的参考资料，为他们带来一份有学术价值的参考。同时我们也希望本书能为古代建筑的爱好者们打开一扇通往历史深处的窗户，展现出河北古建筑的无穷魅力和持续发展的生命力。

本书的编写得到了河北省文物局的大力支持，得到了河北出版传媒集团、河北教育出版社特别是社长董素山先生、编辑徐占博先生和谷华女士的真诚指导和鼎力相助，得到了河北省文化和旅游厅对外文化交流处原处长单建勋先生的热忱帮助，还得到了我院退休研究馆员王素芳先生的无私帮助，在此一并表示衷心的感谢和诚挚的敬意！由于编纂人员学识尚浅，对古代建筑遗产的领悟亦欠深刻，在编写过程中难免遗珍漏宝，真诚地期盼领导、专家和同仁们不吝赐教，批评指正，我们将不胜感激！